一九七六年十二月，文化大革命結束，劉再復在北京天安門前留影。

JPC
HK

劉再復自傳

之三

我的思想史

劉再復

一九五六年，劉再復和妻子陳菲亞在成功中學畢業（初中），之後，劉再復被「保送」到國光中學，陳菲亞被「保送」到僑光中學，進入高中。

一九七〇年，北京，劉再復和母親及兩個女兒，還有妻子陳菲亞及二弟劉尊獻的兩個小女兒。

一九八七年，劉再復作為「中國作家代表團」成員，第一次到巴黎，參觀羅浮宮和羅丹美術館。

一九八九年夏天，劉再復夫婦在巴黎。

一九九二年，劉再復在瑞典海濱。

一九九二年夏天，劉再復在美國洛杉磯美術館。

一九九八年五月，劉再復主持「金庸小說與二十世紀中國文學」國際學術研討會，金庸夫婦與劉再復一家在劉家後院合影。

二〇〇二年，劉再復和長女劉劍梅及長孫 Alan（黃宗源）在美國馬里蘭劍梅家中。

劉再復於二〇〇八年第一次返回北京，並拜訪北京三聯書店總編輯范用先生。

劉再復夫婦在美國科羅拉多家中

目錄

自序

《我的思想史》自序

一九九〇年，劉再復在芝加哥大學東亞系宿舍。

柳鳴九先生主編「當代思想者自述叢書」，邀約我加入。答應之後，我才發現「自述」的條件並不成熟。因為通常「自述史」，總是迴避不了「生平史」，尤其是生平史中的關鍵性事件，例如我就迴避不了一九八九年政治風波那個舉世皆知的事件。在那個大事件中，我經歷過回國（從美國回到中國）、參與（儘管是被動參與）、逃離（經香港又逃亡到美國）、漂泊（到過四十多個國家）、反思。這段經歷，涉及很具體的歷史場景、歷史人物和自身的許多感受，甚至涉及今天我對那個事件的理性評價。

本書構思中，曾叩問過「自傳」是按主題分野形式分別寫出，還是按傳統的寫法編年自敘更好。想了想，覺得各有長處，試試吧，反正寫作就是試驗，不妨再試驗一次。於是，我就把「自述史」分解為「拚搏史」、「思想史」、「心靈史」、「錯誤史」、「寫作史」等五種，統稱為「五史自傳」。先完成「寫作史」以還債。其他各史留待以後再說。

不管怎麼寫，還是寫作態度最為重要。好在早已確定寫作應以說真話為本，真話雖然並非就是真理，但它卻是通向真理的前提。以往「說真話」是做人常識，現在則需要有些勇氣；「正直」本來是人的常態，現在則需要修煉才能抵達。這是時代的進步還是退步？當然是退步。寫作時，才明白對政府說真話難，而對朋友說真話也很難，甚至對自己的學生和子弟說真話也難。最後，覺得對自己說真話也不容易。在大時代的潮流中，自己固然當過「弄潮兒」，但也當過「隨波逐流者」；既當過「時代的先鋒」，也當過「時代的尾巴」；既有「知識」，也很「無知」。因此，「自傳」除了應當面對「主體的飛揚」之外，還應當面對「主體的黑暗」。也就是說，自己要對自己說真話，就必須戰勝自己的面子、自己的幼稚、自己的虛榮、自己的性格弱點等，所以也不是容易的事。

這部自述史，雖寫於美國，但全靠身在中國的表弟葉鴻基先生為我錄下文稿。因此，除了要感謝香港三聯負責人侯明兄、特約編輯王飆先生、責任編輯張艷玲小姐外（沒有他們的鼓勵和支持，此稿不可能單獨問世），還要感謝葉鴻基表弟。

二〇一六年秋天，香港清水灣

人是不會思想的石頭

——思想史展開之前關於人的定義

壹

史前史

——沒有思想的年代

（一）我的石頭記（上）

回顧自己的人生，我最滿意的一點是，自己從沒有思想（石頭）變成有思想（人），又從思想不能獨立變成思想可以獨立，最後成為一個思想者。此時居然還可以撰寫「思想史」。我生活的時代是沒有思想的時代，我生活的中國是只許領袖一個人思想、不許千千萬萬百姓思想的中國。一九九五年，我到台灣參加《聯合報》舉辦的「四十年來的中國文學」研討會，在閉幕式上我發表了《讓思想者思想》的講話，講完後台灣大學齊邦媛教授拉着我的手說，你的內心口號也是我們大家的共同心願。齊教授那時已發表《二度漂流文學》一文表彰我，但尚未寫出代表作《巨流河》。

法國思想家帕斯卡爾有一句名言：「人是會思想的蘆葦。」後來，這句話成了關於「人」的經典表述。人是蘆葦，即人是很普通也很脆弱的生物，但因為人會思想，所以人便成為「萬物之靈長」，顯得聰明、高貴、非凡、神奇，富有尊嚴與驕傲。人之外的其他一切生物，無論是植物還是動物，都不會思想，再霸氣的獅虎鷹鷲也不會思想。帕斯卡爾對「人」的表述之所以顛撲不破，就因為他抓住了「會思想」這一關鍵點。

我從小就熱愛思想，嚮往思想，把做一個「思想者」當作自己的夢想。於是，我讀書，主要是讀思想；寫書，也主要是寫思想。我說過，每寫一篇文章，都應當有所悟。所謂「悟」，也就是思想。可是，上帝卻把我拋進「不許思想」的中國和「沒有思想」的時代。於是，我的第一人生前期便只是一塊「石頭」的經歷。

我經歷了很長的「不許思想」的歲月，大約從童年時代一直延伸到七十年代末的中年時代。整個少年時代與青年時代，我努力讀書，但只能欣賞先人和他人的思想，不能表述自己的思想。我稱這個漫長的不許思想與不能思想的年代為「石頭」年代。在這個年代裏，我不是「人」，不是會思想的蘆葦，而是不會思想的「石頭」，類似被女媧拋棄的多餘的「蠢物」（《紅樓夢》語）。只是物，不是人。那段人生，正是我的「石頭記」。中國的兩部偉大文學經典《紅樓夢》與《西遊記》都是「石頭記」。兩部小說的主角原來都是石頭。充當石頭時，他們只能「自歎自艾」（《紅樓夢》語），然而後來他們（賈寶玉和孫悟空）都通靈了。所謂「通靈」，便是有了思想。也可以說，是自然的人化、靈化、思想化。

上世紀一段漫長的歲月，所有的青少年，所有的中國人都被當作石頭。青少年的父母、爺爺、奶奶們，也是石頭。石頭只是材料，只是工具，黨指向哪裏，石頭就被扔到哪裏。我們整整一代人，其命運無法與孫悟空、賈寶玉相比。首先，他們通靈了，而我們遲遲未能「通靈」。其次，他們通靈之後，一個可以實踐「積極自由」，即向玉皇大帝、龍王、閻王討索自由；一個可以實踐「消極自由」，即迴避科舉，迴避人間老套。我們卻只是石頭，有機器時，石頭是「螺絲釘」；無機器時，石頭什麼也不是，連磚頭、斧頭、榔頭都不如。

石頭也受教育，也上幼兒園、小學、中學、大學，然而，所受的教育只是教化、奴化、馴化這「三化」教育。教育的結果便是更聽話，更馴服，更像供任意使喚的奴才。我在「三化」的陰影下，幸而遇到一所特殊的學校，可以自己瘋狂地閱讀，瘋狂地吸收。我是一塊很幸運的石頭。

二十世紀七十年代末，中國的石頭們贏得一個「通靈」的歷史時機。那是鄧小平、胡耀邦等共產黨內的改革家，帶頭擺脫「蠢物」的蠢行，結束了一個悟性窒息的時代，開闢了一個讓靈氣飛揚的時代。石頭可以通靈了！一旦通靈，我便開始思想，並有了一部自己的「思想史」。以「反思」舊時代為發端，我打開「思想史」的第一頁，挑戰蘇式教條，挑戰中式教條，一九八九年之後又挑戰西式教條。我的挑戰，乃是因為石頭通靈，頭腦產生思想，內心的鋒芒要求突破各種教條框框，從泛馬克思主義到自由主義，甚至對於老式人道主義，我也質疑。人們說我是極左路線的天敵，我卻認定自己是所有教條老套的天敵。我的「千鈞棒」，不打妖魔，專打來自各方的教條。在國內如此，在國外也是如此。棒打「社會主義現實主義」，不是打擊現實主義，而是打擊多種號稱「主義」的政治意識形態；棒打「現代性」等等，也是為了打擊橫行於西方的新教條。

講起我的「思想史」，人們一定會認為我從唯物論走向唯心論。其實，「唯物」、「唯心」是石頭時代的簡單劃分。自從展開第二人生之後，我接受的是不二法門，無論是唯心論還是唯物論，無論是頓悟還是漸悟，無論是有神論還是無神論，無論是硬道理還是軟道理，我都以自身主體的感受為尺度，並不褒此抑彼。孔子也罷，莊子也罷，韓非子也罷，我都吸收其精華，拋棄其糟粕，處處以真理為重，絕不把自己賣給某一黨，某一派，某一家，某一姓，某一論。這一切，都是因為自己悟到，唯有獨立不移地面對多種思潮，多種知識，才是「金光大道」。沒有獨立，哪有思想？沒有選擇，哪有存在？沒有質疑，哪有學問？時代變了，質疑產生了，石頭「通靈」了——這便是我的「石頭記」。

回顧我的「石頭記」，可以知道，「通靈」（有思想）是關鍵。未通靈的石頭是「蠢物」，是「東西」，是垃圾。一旦通靈（有了思想），石頭便可走進高樓大廈。不僅可以成為人間大建築的一部分，而且可以成為賈寶玉、孫悟空似的生命，可以領略人間的悲喜歌哭，也可以大鬧天宮的蟠桃盛宴。有思想，人便成為人，贏得尊嚴與驕傲，光榮與永恆。

石頭通靈，石頭思想，這是石頭的人化。那麼，如何通靈呢？關鍵點移到這裏了。二〇一五年，我在香港公開大學與莫言對話時，學院主持人讓我先講講莫言成功的原因，這也就是石頭如何通靈的問題。我講了三個原因：一是書本的澤溉；二是大地的滋養；三是個人的氣魄（鯨魚氣魄）。我講莫言，也是在講自己的經驗，關於石頭開化、人化、靈化、思想化的經驗。

據我的經驗，在一個「不許思想」的國度裏，靈化要成為可能，當然首先還是離不開閱讀，也就是「書本的澤溉」。見到任何書本都如飢似渴，拚命吸收。莫言說，他從兒時開始，就像小狗一樣，提着鼻子到處嗅着家鄉哪家有啥書味，然後借閱，瘋讀，吞嚥，吃盡村中所有的藏書。但書本的澤溉還不夠。書本還不足以點化石頭。書本之外還需要「大地」的滋養。大地對作家的薰陶有兩種：一是用它的「山光水色」滋養其審美的眼睛和音樂的耳朵；二是（更為重要的）用它的苦難對石頭進行「磨洗」，包括風化、火化等過程。大地對莫言這塊石頭進行開化的手段是「飢餓」。我也曾飽受飢餓的煎熬，知道飢餓對於石頭的通靈開化，何等重要。飢餓，使我明白民間的疾苦，人生的艱辛，世道的冷暖，還讓我長出耐力與毅力。文化大革命這種大苦難，固然剝奪了我的許多時間，但也賦予我許多覺醒。正是文革對人的踐踏，才讓我學會了保衛人的尊嚴；正是文革對權利的剝奪，才讓我明白學者對於人的義務、責任和使命。文革對石頭既是摧殘，也是催生。它讓石頭開竅、開化，讓石頭在風裏滾、火裏燒，然後裂變、通靈、進化、言語，最後實現人化與思想化。我曾向朋友們訴說，牛棚對我的教育勝過十所大學；文革的風化與火化，讓我戰勝了課堂的馴化與奴化。文革的野蠻，使我這樣的乖孩子都覺醒了；燃燒的烈火，把我這樣的螺絲釘都熔化了。這正是大地的滋養，這種滋養是苦難的教育，死亡的體驗，浩劫的啟迪。它對於「思想」的產生，比書本的澤溉更有效。我本是一塊馴良的石頭，文革結束時，我便對文革進行「反思」，而這，正是「思想」的萌動。

(二)我的石頭記(下)

未通靈的石頭真可憐，主人把它抛到哪裏就是哪裏。一九七〇年夏天，我被拋到河南中國科學院哲學社會科學部「五七」幹校。

在我的人生歷史上，最難忘就是「五七」幹校的那段歲月。那是我一生最苦悶的時期，展示的正是可憐的「石頭記」。

科學院哲學社會科學部的幹校在河南息縣，那是淮河氾濫波及的地方，也是河南最窮苦的地方。淮河吞沒了一切，只留下貧窮。那種窮，不是一般的窮，而是奇窮。房屋是草芥編造的，床鋪是泥土疙瘩壘成的，桌子、椅子等家具都是蘆葦稈編製的，連水缸也是蘆葦稈編織成形後，再抹上一層泥巴晾乾而成。然而，這種泥土做的水缸，裝的水竟然還是那麼清澈，真想不到！這也算是開了眼界。最慘的是有時還得下放參加整黨，已經在窮鄉僻壤了，還要下放到更窮的山村。在那種村子裏，吃的完全是豬食，睡的完全是狗窩。那個時候，我老是想起蘇格拉底的那個哲學概念——「豬的城邦」。

食住與豬狗差不多，這還不算，更慘的是還要起早摸黑，清查莫須有的「五一六」反革命集團。被清查的人，不僅是石頭，而且是低級石頭。誰都可以敲他幾下，踩他幾腳。哲學社會科學部因為王力、關鋒、戚本禹曾經插手，所以被定為「重災區」，以遲群為首的工宣隊、軍宣隊在清華大學、北京大學獲得名聲之後，把隊伍開進這個重災區。那時，我寄寓的《新建設》編輯部被安排在學部機關第一連隊，我是一連四排三班的班長。不是「五一六」運動的清查對象，倒是清查別人的小走卒似的骨幹。說是骨幹，也是石頭，只是比低級石頭高級一點的石頭，可以免受踩踏，但不能有思想。

「五七」幹校在息縣混過一年之後，全校搬到明港市。那裏除了有些現成的早已廢棄的軍營外，其他宿舍要「自力更生」。於是，我們便自己動手建築起燒磚廠，土坯廠，邊割麥子，邊脫土坯，邊燒磚頭，我幹得很累，中午一個小時的午休時間，常不顧一切地躺在麥田邊角的草堆裏，連「四腳蛇」（學名蜥蜴）在身上蠢蠢爬動，也懶得去理會牠們，實在沒有力氣再驅趕這些醜陋但沒有毒液的小爬蟲。在艱難的生活中，有一則消息，使大家開心了一陣，也讓我至今難忘。那是我們的連長去參加一個貧下中農座談會之後所作的如實傳達。他說，貧下中農很坦率，他們在座談會上竟說：感謝你們這些中央派來的幹部，你們給我們帶來兩樣寶貝，一樣是毛主席著作，一樣是大便。你們拉的大便對我們太有用了，我們就缺肥料，有了大便糧食就能豐收，明年就不愁過日子了。連長說，這些貧下中農，怎麼可以把紅寶書與大便相提並論？！我聽完，心裏卻湧起一陣「向貧下中農學習」的口號。他們多老實呵，有啥說啥，決不拐彎抹角，這就是值得我們學習的優秀品格！

時時看到蘆葦，時時觸摸蘆葦編織的桌子、椅子及各種用具，於是，就想起了帕斯卡爾的那句名言：「人是會思想的蘆葦。」蘆葦很輕，很脆弱，根本無足輕重。把人比喻成蘆葦，很恰當。但帕斯卡爾又說是「會思想」的蘆葦，即會思想的生命。可是，那時我們哪有思想？不用說毛主席指示怎麼做，我們就怎麼做，即使是軍宣隊，他們指示怎麼做，我們也得怎麼做。軍宣隊說，哲學社會科學部共一千八百人，被懷疑是「五一六」分子的對象已達一千人。還說我們這些審查「五一六」分子的排長、班長裏也有可疑對象。在軍宣隊眼裏，早已草木皆兵，這些「石頭」個個都是可疑物。誰還敢問一句：有這麼多「反革命」嗎？有一回，軍宣隊組織我們再學習毛主席關於「知識分子要下去滾泥巴」的指示，我提出一個問題，說我本是農家子，從小就在家鄉滾泥巴，好容易才滾上北京，是不是也要再下去滾泥巴呢？那個組織學習的小排長立即白了我一眼說：「再復同志，你不該提這樣的問題，你提這種問題是很危險的。」我知道這個小排長無意抓我的把柄，但心裏總是不服：滾來滾去，滾上滾下，也不知道什麼時候可以滾到頭呵。

產生這種疑問，便是思想的萌芽，但確實很危險。後來我在生活會上「鬥私批修一閃念」，自我批判了好幾回，硬是撲滅了這點可憐的想法。

在「五七」幹校的三年，是我最苦悶的三年。根本不能思想。有一天，朋友告訴我，軍宣隊允許我們到鄰近的團中央幹校參觀鬥爭胡耀邦的大會。我當然願意去看熱鬧。那天我硬擠到批鬥會的台前，把胡耀邦看得清清楚楚。朋友梁因（原《中國青年》副總編）告訴我，胡耀邦背石灰上山很賣力，被評為「勞動模範」。可是政治上還得清算他的流毒。那天的批鬥台上除了站着胡耀邦之外，還站着原團中央書記處書記胡克實。胡克實說：「胡耀邦總是別出心裁，毛主席說要『突出政治』，他卻說不要什麼都講『突出政治』，例如游泳時就應當『突出鼻子』。」這句話給我的印象很深。游泳就是要「突出鼻子」，而不是「突出政治」，可是這種質樸的真理，唯有胡耀邦敢說出口。後來，胡耀邦當上了中共總書記，那時我真的覺得共產黨走上新生之路了。就在一九七八年間，我加入了中國共產黨，經歷了十年的組織生活後，直到一九八九年才自動退黨。

明港的「五七」幹校比息縣的「五七」幹校舒服多了，基本上沒有繁重的體力勞動。整天過着吃飯、睡覺、大便、讀經典、聽報告這種五位一體的循環生活。所謂讀經典，就是讀《共產黨宣言》、《法蘭西內戰》、《哥達綱領批判》、《反杜林論》、《國家與革命》、《唯物主義與經驗批判主義》等六本書，反正做一天和尚撞一天鐘，這倒是我在幹校時的收穫。我的馬列主義經典訓練到了此時才訓練出一點味道來。我特別喜歡《共產黨宣言》，幾乎能背誦。通過《宣言》，我才明白，共產黨的初衷是很有道德感的，它反對壓迫，反對剝削，一切都是為了打碎勞苦大眾身上的鎖鏈。直到八九風波出國之後，我才意識到《宣言》開頭所說的「迄今為止，人類的歷史都是階級鬥爭的歷史」這種大判斷完全不對。人類製造工具、發展生產的歷史，難道不是歷史嗎？

有書可讀總比無書可讀好。趁着幹校有閒，我趕緊把這六本書反覆閱讀，這倒是學到一點馬克思主義的基本知識了。八九風波出國後，我碰到台灣的同行朋友總是說，相比之下，我們這些大陸客，英文與國際資訊的掌握不如你們，但有兩點你們是不如我們的：一是我們經歷過大苦大難，大起大落，每場政治運動都是災難，但也是煉丹爐，所以我們的神經比你們堅韌；二是我們經歷過馬克思主義的經典訓練，很會論辯，特別是很會詭辯，大是大非問題，你們恐怕辯不過我們。

讀經典有收穫，聽報告則有許多感觸。那時聽報告，名為「活學活用毛主席著作」，每週軍宣隊都會找一兩位哲學社會科學部的名家來介紹他們學習毛主席著作的經驗和體會，那兩三個小時，不必勞動，不必運動，坐在小馬扎上聽故事，倒是很過癮。讓我難忘的是兩位著名學者的報告。一位是何其芳，他被分配到豬圈養豬，豬養得很肥，所有的豬都喜歡他。他在報告中介紹了一個秘訣，就是身上藏着豬最喜歡吃的豆豆，撒一點給牠們，牠們就會歡喜得嗷嗷叫。時間久了，牠們知道你身上有「寶貝」，就會緊跟你，追隨你。但關鍵是要和豬們建立感情，同悲同喜，即豬喜我喜，豬憂我憂，豬病了我比豬還痛苦。另一位是哲學家任繼愈。他分配的工作是撿糞，包括牛糞、豬糞、狗糞等。報告的重點是對糞便的情感轉變。開始時，他覺得糞便是臭的，但通過學習毛主席著作，現在已覺得糞便是香的。這種生理感覺的變化來自心理感覺的變化，而心理感覺的變化又來自思想的變化。通過毛主席著作的學習，他意識到，糞便可以肥田，而豐收可以得到更多的大米、小麥去支援世界革命。想到眼前的糞便可以幫助天下勞苦大眾得到解放，對糞便的感情就變了，糞便就變得很香、很可愛。聽了任先生的報告，那天晚上我們討論學習了兩三個小時。輪到我發言時，我說，任先生的這種變化是生理變化，我恐怕做不到。我發言之後，軍宣隊那位小排長又對我說：「你最近的表現不是很正常，今天的發言也不好。你要好好向任先生學習，改造自己！」我連稱幾個「是」。但口裏說「是」，心裏又是不服。那是我完全無法做人的日子。我不是嘲笑任先生，而是感到中國知識分子太可憐，太可悲。連哲學家都成了石頭，不能思想，只能講些香臭顛倒的荒唐故事。而我，根本不能提問。我很想說，小時候，我也撿過牛糞、豬糞，無論如何，那都是臭的。我們讀了那麼多書，糞便就變香了嗎？我不相信。我們從事人文科學，科學需要實證，誰能證明豬糞狗糞是香的？在「五七」幹校的一九七一、一九七二、一九七三年，我正是三十、三十一、三十二歲，年富力強，血氣方剛，滿身力氣，卻沒有用場。有一點自己的想法，就被視為「危險」而遭到壓制。苦悶！苦悶！！苦悶！！！而出路在哪裏？在大苦悶中，我還是找到一條小出路，那就是捕魚抓蝦捉鱉。當地人不會捕魚，也不懂煮魚吃魚。我從小在小溪邊長大，在泥田裏滾爬，知道小魚、泥鰍、黃鱔、王八該怎麼抓。於是，剪掉蚊帳，找來竹竿，縫成捕魚撈蝦器，用饅頭當作餌料。我是班長，我們班不分敵我，不分清查者還是被清查者，一起去捕魚撈蝦捉王八，常常從傍晚捕到天明。月光如水的夜晚裏真是美極了。我們常去築壩攔渠，淘乾圍堰區，然後下去抓魚。我知道在泥水中只要把腳一提，小魚就會往裏鑽，就容易捉住牠們。那時我簡直成了魚神，把逮着的魚一條一條往上扔。校友們（幹校）都很佩服我，有人說，誰也不准下去，就讓秀才一個人捕。除了抓魚之外，還抓王八。從城裏來的校友們不知道王八在水裏是不咬人的，只有出水才咬人。我知道這個秘訣，於是很勇敢在渾水中，把王八一隻隻地俘虜。

捕撈之後，我們一起共享美餐。美餐之後本該睡覺，但大家太興奮，便一起大罵時局。而這個時刻，算是我們苦難歲月中難得的幸福瞬間，也算是石頭接近「通靈」的片刻。

貳

史本文

——人是會思想的蘆葦

第一章

反思：思想的產生

劉再復於一九六五年在江西「四清」，假期拜訪井岡山，並在其紀念碑下留影。

從心靈的角度說，我在高中三年級時已大體上完成了心靈的積澱，那是因為那個時候我已讀遍中國與西方的文學經典。這些經典啟蒙了我：人，之所以與動物不同，乃是因為人有人性，人有情感，人有心靈。這些人性與情感極為豐富，這個心靈可以不斷飛升。

然而，心靈不等於思想。思想屬於頭腦。它是理念，是意識，是對世界、對人生、對人性的認知。說文學中有哲學意蘊，是因為文學中有思想（不僅是情感）。陀思妥耶夫斯基給他弟弟寫信時說：我有時用頭腦寫作，有時用心靈寫作。他是偉大作家，知道二者是不同的。最好的作家並不是單用頭腦寫作，他們一定是全身心地投入，既用頭腦，也用心靈。哲學與文學的不同處，是哲學只用頭腦，只訴諸邏輯與理性，不允許悲喜歌哭等人間情感的介入。而文學則充分展示悲喜歌哭。我寫自己的心靈史，大體上是寫自己的人性史。而寫思想史，則是寫意識史、理念史。

儘管青少年時代我讀了許多文學作品，心靈燃燒着情感，但是，頭腦卻是封閉的。因為我在學校接受的教育乃是蒙昧的教育。

「當乖孩子！」「聽話！」這是我一以貫之的內心口號。從小學到大學，我均以「乖」字為綱，從不與同學爭執。每一學期，每一學年，我都是好學生與模範生。一九六六年文化大革命爆發後，我想不通：我們的國家為什麼要如此自我摧毀，為什麼要如此踐踏我所愛的老革命、老學者？我陷入困頓，整個心靈崩潰了。但大革命中有一項革命卻讓我產生共鳴，那就是教育革命，在教育革命中我第一次聽到：「越讀書越愚蠢」，「卑賤者最聰明，高貴者最愚蠢！」不知道為什麼，我覺得造反學生的這一叫喊，接近真理。我就是一個「越讀越傻」的人，就是一個愚蠢的樣板。可是，教育革命越來越過分，「小將們」砸破課室門窗，把老師「揪」下講壇，自己坐上講壇，最後學校連課也不上了，於是，革命走向失敗。隨着革命的失敗，我內心的那一點「覺醒」的亮光不僅熄滅，而且陷入更深的蒙昧，更不敢思想了。教育革命破產後，紅衛兵上山下鄉，大規模的學習雷鋒運動席捲各個角落，我的心靈陷入巨大的分裂。然而，不管怎麼分裂，雷鋒的兩個意象已轉為自己的意象，一個是「螺絲釘」，一個是「老黃牛」。兩個意象都把我們引向更深的愚昧。老黃牛沒有思想，只顧埋頭拉犁拉車，雖說有時也要抬頭看路，但那只是為了防止摔跤，並非要你思想。「螺絲釘」更是純粹的工具，豈止沒有思想，進而沒有生命。原來我閱讀的文學作品只能埋葬於生命深處，我開始經歷了創世紀之後最嚴重的現代蒙昧。完全熄滅思想，認定一切獨立的思想都是罪惡。整個中國，只有一個人在思想，我們只能走向冰點、零點。七十年代中期，我的心「死」了，我的思想「死」了。其實根本未曾「生」過，所以「死」也無從談起。整個人，整個生命，除了蒙昧，什麼也沒有。老黃牛是牲畜，螺絲釘是機器零件，人變成牲畜與機器零件。人呵人，人不是人；思想呵思想，沒有思想，不許有思想。只是蒙昧，現代蒙昧，什麼也沒有的蒙昧。八十年代，我讀了法國思想家帕斯卡爾的散文，他有一句名言：「人是有思想的蘆葦。」可是我沒有思想，不是人。

因為經歷過「不能思想」的痛苦，也因為經歷過「老黃牛」與「螺絲釘」的體驗，所以我總是嚮往「可以思想」的時光，甚至對自己的未來產生一種期待：當一個思想者。在短暫的人生中要是能夠當一個思想者，那是何等的幸福！

七十年代中後期，我寫作《魯迅與自然科學》，但還沒有自己的思想，只是注釋魯迅和按照社會流行的觀點重整魯迅寫作。注釋並不等於思想。

我意識到自己的思想的產生是在八十年代初期。從一九七六年開始，國家發生了轉變，原來主宰中國的「四人幫」和他們那一套「以階級鬥爭為綱」的基本路線垮台了。這個大事件刺激了每一個中國人，也強烈地刺激了我。這種刺激讓我產生一個巨大的念頭：中國，這個擁有十億人口的偉大國家，靠一個人思考是不夠的，何況這個人已經不在人世。我也可以思想！作為一個中國人，我也可以擁有屬於自己的思想。那是我的巨大覺醒！國家正在變革，這也是變革。

那一段歲月，我的心情充滿喜悅，腦子燃燒着，翻騰着。那時的作家都在反省過去，特別是反省文化大革命，從而產生了影響巨大的「傷痕文學」。我從自己剛剛初步產生的思想出發，雖然充分肯定「傷痕文學」，但覺得使用「反思」這個概念更為貼切，而「傷痕文學」也可用「反思文學」加以替代。於是，從一九八四年開始，我便刻意使用「反思」這個概念，而且這個概念很快就被文學評論界所接受並加以沿用。一九八七年，我在人民文學出版社出版了一部文論集，也命名為《文學的反思》。在海外，敏銳地注意到這個新概念而且確認我為原創者的是李歐梵教授。一九八六年，他從美國芝加哥大學前來參加我籌辦的「紀念魯迅逝世五十週年學術研討會」時，特別對我說：「你提出『反思』這個概念，很好，很準確。我打算以『對中國文化的反思』為題，向美國的基金會申請一筆錢，屆時你也可以到美國作一段時間的研究。」「反思」的概念給他留下深刻的印象，他書讀得多，知道我在當代中國第一個鮮明地提出「反思」概念，高舉「反思」旗幟。後來他在寫作董秀玉（香港三聯書店前總編）的回憶文章中還特別說起此事。

那是在八九風波的高潮中，李歐梵再次來到北京，邀我到芝加哥大學參與他的研究項目。他說：「你提的『反思』二字很好，我們的項目就叫作『文化反思』」。

後來（二〇一一年）他在為祝賀董秀玉七十壽辰而寫的文章中說了這件事：

我想出一分力（指救援「六四」中人——本書作者注），希望能救人。我救人毫無政治目的，因為我一向秉持文化超越政治，學術無疆界；我想要救的不是廣場上的風雲人物，而是在八十年代中期在中國知識界剛剛掀起的一個運動——文化反思，這個名詞是劉再復創出來的，我讀了他的文章，深為佩服，覺得文化反思比五四時期的反傳統更有意義。所以在政治大風波之前，我就向美國洛克菲勒基金會申請到一筆三年的合作研究計劃的基金，可以用來邀請中國學者到美國來對這場「文化反思」運動作更深一層的研究和討論，以便持續發展。當時我想邀請的第一位學者就是劉再復。……本來一切都準備就緒，先在六月中和劉再復在新加坡會合，然後同返芝加哥，因我們皆受邀參加新加坡舉辦的文學創作評審會議。不料卻在電視上看到一幅幅肅殺的畫面。劉再復非但來不了，而且不知去向。我只好設法請別人把邀請函和相關的文件轉給他。這個傳信人就是香港三聯的老總董秀玉。

講述這段故事，只是為了說明，因為創造「反思」這個概念，我開始自己「思想」了。從那以後，我真的獨自面對以往龐大的意識形態體系，也獨自面對以往龐大的文學觀念體系。那個時節，我覺得自己從中學時代開始積累的文學素養全面復活了。我不滿意五、六、七十年代（一九五〇至一九七六）的中國文學，覺得這個時期的文學沒有什麼價值，甚至可以說，基本上是一堆廢紙。這個時期的文學受制於政治意識形態，也受害於政治意識形態。那時，我腦子裏產生了另一個重大概念，即「蘇式教條」，覺得從蘇聯那裏照搬過來的所謂「社會主義現實主義」、「革命現實主義」、「革命現實主義與革命浪漫主義相結合」等，都是一些錯誤理念。現實主義，即寫實主義，本來是很好的，這種寫實態度與方法，造就了許多偉大的作家。我相信寫實方法永遠不會過時。然而，「寫實」一旦加上「社會主義」和「革命」等政治性前提，就完全變質了。有了這些前提和條框，就再無真實可言，也再無寫實可言。我還發現，壓在當代中國作家頭上的三座理論大山，一是變質的階級論，二是變質的反映論，三是變質的典型論。我給自己定下的思想任務是，一定要推倒這三座大山，要像唐・吉訶德那樣大戰三大風車，即這三大蘇式教條。就在這個時候，我覺得自己的思想開始閃光了。後來有人說我是八十年代的「弄潮兒」，不錯，我挑戰的正是「蘇式教條」這個潮流。

我知道自己只是一個文學研究者，並非思想家。但我熱愛思想，面對文學中的荒謬教條，我不能不說話。於是，我便從人性論入手，認定文學的基點乃是人性論，而非階級論。人的確有階級性（統治者與被統治者就是不同階級），但人性範疇大於階級性範疇。階級共性恰如生物共性、宗教共性、國民共性，只是人性的一部分。何況每一個生命個體的人性都有自己的特徵，個性千差萬別。我們的當代文學，最致命的問題乃是把豐富複雜的人性看得太死板、太簡單了。所以我便把「人性真實」作為切入口，作為大戰風車的第一「戰役」。但為了減少阻力，我避免使用「人性真實」這個概念，而在「性格真實」上大做文章，先寫出論文《人物性格二重組合原理》，後又寫出《性格組合論》這一學術專著。

由於文學界對階級性的過分強調，因此，階級性又派生出「黨性」。到了七十年代，黨性原則幾乎成了文學的第一原則。文學之所以能夠超越國界、超越時代，本來全仰仗於它的人性共通性，即人性的普遍性，而黨性原則卻把文學變得充滿了黨派性，這顯然是不對的。因此，推倒黨性原則，又成了我這個文學思想者的重大使命。但我知道，「黨性原則」可不是假風車、紙風車，那可是真風車，真壁壘，一旦挑戰，肯定要遭受圍攻。於是，我選擇了講述「文學主體性」這個文本策略。在「文學主體性」的總命題下，我把主體分成「現實主體」與「藝術主體」，即分為「世俗角色」與「本真角色」。肯定黨內作家與革命作家在現實層面守持黨性與革命性的合理性，但強調，黨內作家和革命作家一旦進入文學藝術創作，則必須超越世俗角色和世俗身份即現實主體，而以「藝術主體」即本真角色的身份進入創作，從而使作品文本中顯示出作家個性與普遍人性。因此，講述文學主體性，歸根結底是講述文學的超越性。也可以說是超越黨派共性、階級共性而展示他人不可重複與不可替代的藝術個性。然而，我必須妥協性表述，因為我知道挑戰黨性非同小可，必須講究策略。於是，我把現實主體區分為實踐主體與精神主體。在充分肯定實踐主體的實踐性的前提下，再肯定精神能動性，以實現藝術主體性（精神主體性）。但是，我的妥協仍然得不到理解，《紅旗》雜誌對此展開了政治上綱的批判與討伐，把一個學術問題上綱到「關係到社會主義在中國的命運」的嚇人的政治高度。

在挑戰蘇式教條的全過程中，我自己感到欣慰的是，我已經有了自己的思想，不管挑戰成功與否，我已作了充分的思想表述。而且我知道，有了這一開端之後，自己的思想將更加獨立不移，也將會有自己的思想史了。下邊，我概述一下自己的思想歷程。

第二章

反思三向度

一九六八年，文化大革命中《新建設》雜誌社的反對派（反極左思潮）諸子攝於天安門前。

（一）政治反思

也許是因為思想開端帶來的衝動，也許是因為國家變革的刺激，也許是因為經受了太久的壓抑，八十年代初到八十年代中期，我的「反思」真的有一種爆炸式的狀態。那會兒流行的時髦概念是「知識爆炸」，而我個人，則是「思想爆炸」。加上當時自認為自己是一個知識分子，應當履行社會責任，於是「反思」便全面展開。本來對政治一竅不通，這回也展開政治性反思；本來對中國文化也缺少專深研究，這回也展開文化反思；唯一有資格談論的是文學，因此對於文學的反思，自然就更加熱烈、更具規模了。

首先是政治反思。這一層的反思，雖然沒寫專著，但發了不少議論。一九八三年，我已是全國政協委員、全國青年委員，在開會期間，我總是積極發言，幾乎每次都是第一個發言，而且其內容總是經過充分「反思」的，面對國家過去存在的問題，談論了自己的思想。例如，我有一個相當出名的發言：

拋棄「以階級鬥爭為綱」的思維結構，創造與改革相適應的心靈環境

這是標題，而其內容如下：

改革需要一種與之相適應的良好的輿論環境和人文條件，最核心的問題，是作為改革主體的人的「文化心態」。

改革與傳統意義上的「革命」不同。作為一個階級推翻另一個階級的「革命」，是一種打破舊秩序的鬥爭，一切都帶強制性，因此，革命主體的心態總是極其激烈的、亢奮的、無情的。而改革固然也要改變舊體制，但其實質是一種建設新秩序的工作，它要求改革主體的心態是一種建設性的健康、和諧、積極、穩定的心態。

要創造這種心態，我從一個社會科學工作者的角度看，最要緊的是要拋棄

「以階級鬥爭為綱」的思維結構，而代之以「以建設為中心」的思維結構。

在「以階級鬥爭為綱」的思維結構下，發生了許多問題，例如把馬克思主義片面地解釋為只講鬥爭的學說，而不注意馬克思主義更是建設的學說——建設新社會的學說，於是，又發生了以下幾個問題：

政策的變形：如「雙百」方針。這本來是繁榮科學文化的正確方針，但在「以階級鬥爭為綱」的思維結構下，卻變成階級鬥爭的策略和「全面專政」的手段。所謂「放」是為了「收」、為了「引蛇出洞」。這是「以階級鬥爭為綱」的思維結構派生出來的思路。在這種思路下，在解決文學藝術和其他精神現象的問題時，往往採取政治運動的形式，強制命令的形式，「大批判開路」的形式。

關係的變質：一切人與人的關係都被片面地解釋為階級與階級的關係，許多非對抗性的人際關係被人為地變成「不是東風壓倒西風，就是西風壓倒東風」的對抗關係，於是，許多藝術觀念上的差異和學術觀念、學術方法的差異被誇大成階級鬥爭、路線鬥爭的表現，許多文學性質、科學性質的問題變成政治性質的問題。於是，許多次重大的政治運動都把文學藝術作為批判對象甚至作為出發點。

建國後，我國思想文化工作的基本教訓，就是在「左」傾思潮支配下，違反求是、求實、求真的精神，把一切文化現象都上升為階級鬥爭的現象。把俞平伯先生的《紅樓夢》研究視為資產階級的思想現象，把電影《武訓傳》視為反對革命道路的反動電影（武訓精神是可爭論的，但《武訓傳》的電影不應視為反動電影），把《海瑞罷官》視為篡黨奪權的輿論準備，把鄧拓的雜文視為反黨反社會主義大毒草。這些現象都是「以階級鬥爭為綱」的思維結構所派生的。這種思維結構對我們的民族造成極大的危害，破壞了人際間的信任感。遺憾的是，這種思維結構和思維方式，現在仍然在起作用。因此，仍然常常發生把個別性問題誇大為思潮性問題，把正常的學術性探討視為「對馬克思主義的挑戰」。一個普通的學術課題的探討往往可以派生出一系列的政治性爭端。我在此呼籲，應當拋棄這種思維結構，應當結束把文學藝術當成階級鬥爭晴雨表的時代。不要再誇大文學藝術的作用以影響我們的民族集中精力從事自己的建設，讓文學界通過自身的批評機制和讀者機制來解決問題。

心理的變態：由於經常處於緊張狀況，人們的心理變得很畸形，心中總是繃着階級鬥爭的一根弦，因此總是感到「草木皆兵」，到處都是「階級鬥爭的新動向」。由於這種心態的作用，有些文化宣傳部門的領導者動不動就指責文藝作品在「醜化什麼」，「宣傳什麼」，而不是考慮如何豐富人民的心靈生活和精神生活。由於心態不正常，人們總是把政治當作一種「氣候」，喜歡講政治的大氣候和小氣候，喜歡猜測政治領導層的人事關係，喜歡從小道消息中討生活和尋找心靈的慰藉。這種心態反映在對待改革與建設的事業上，便產生一種「世紀末情緒」，即不相信未來，搞「一錘子買賣」，想「撈一把就走」，「今朝有酒今朝醉」，缺少長期創業、長期建設，甚至為祖國的改革事業而犧牲的準備。如果不改變這種惡劣心態，改革將會越來越困難。

今天，我們民族的生活中心已從階級鬥爭轉移到經濟建設，與此相應，我認為我們應當以新的思維結構來代替「以階級鬥爭為綱」的思維結構。這種新的結構，應當是「以建設為軸心」的思維結構。

「以建設為軸心」的思維結構，就必然提出新的要求：

（1）要求確立與現代化建設相應的價值尺度與價值地位，應以是否有利於發展生產力為價值尺度。在文化領域，也應當確立以發展精神生產力和能否豐富民族的精神生活與提高民族的心靈境界為價值尺度。

在新的價值尺度下，許多部門在社會總體結構中的地位必須得到重新評價。例如，在戰爭時期，一切問題都歸結為生存問題，民族鬥爭、階級鬥爭就相應地提到至高無上的地位，因此在當時就無法接受「科學救國」與「教育救國」的口號。但是在建設時期，教育與科學隨着建設的迫切需求而變得至關重要，它們的位置就提升到社會最中心的位置上。從某種意義上說，就是應當「教育立國」、「科學立國」。因此，教育問題，僅僅呼籲從主觀上重視還是不夠的，必須認識到這是人類社會發展的統一客觀標準的絕對要求。這就是說，社會要發展，國家要實現現代化，首先就要建設教育事業，首先要在國家建設的全盤計劃中突出教育的中心地位。從教育立國的價值觀念出發，我建議國家在考核政府各級幹部的「政績」時，首先應當考核教育方面的政績。不要只注意考核幹部工作的立竿見影式的「經濟效益」，而應當考核幹部工作的「長遠效益」和戰略眼光。

在確立與現代化建設相應的價值觀念時，應當切實地提高知識的價值地位。一方面要提高知識分子的經濟地位，提高腦力勞動的報酬。我們不能籠統地反對物價浮動，但要採取措施使知識分子在物價浮動中保持適當的生活水平。另一方面是提高知識分子的社會地位和精神地位。要特別注意給知識分子以精神上的愉快。為了使全社會向着追求知識、追求科學文化的方向前進，應當造成知識的吸引力，即造成一種足以吸引青少年的人生前景。

提高知識分子的社會地位，不是整天喊着、哄着、捧着知識分子，而是應當充分信賴知識分子，讓他們能夠自由地表達自己的見解。知識分子對物質的要求並不高，但必須「安居樂業」，必須贏得從事創造性勞動的人文條件和社會環境。如果自由表達見解的創造性勞動變成重複性的、強制性的勞動，即變成只能人云亦云，重複某種教條的異化性勞動，知識分子就會感到最大的痛苦。

（2）要求創造互相信任的人際關係，為改革提供良好的外在人文環境。在「以建設為中心」的思維結構下，人與人的關係就要還原為勞動者與勞動者的關係，建設者與建設者的關係，這一種關係不是你死我活的關係，而是一種契約的協商的關係，一種遵守法律前提下的競賽關係。我們應當用法律來肯定和穩定這種正常的關係，不應當再用超法律概念的「以階級鬥爭為綱」的思維方式把人區分為革命左派、反動右派。這種非法律概念的區分造成過民族心靈的巨大裂縫與痛苦。所有的中華兒女都有義務結束人為的內耗性的鬥爭，一心一意地建設自己的家園。

（3）要求形成一種健康的、穩定的文化心態，為改革創造一種相應的內部的心靈環境。改革者參與改革，心理動機不應當是想在改革中「撈一把」，而應當是在歷史提供的良好時機中，立志通過改革為祖國奮發圖強，從改進自己的本職工作開始，辛勤勞動，立足發展，努力為祖國創造新的財富，讓我們的人民從此擺脫貧窮。為了這一點，改革者應有一種長期創業、長期建設，甚至為改革犧牲自己的穩定心態。有了這種心靈環境，就能和祖國一起承受前進中的各種困難，並把事業開拓發展。

為了創造這種良好的文化心態，我覺得有三點是最要緊的：

首先，各級領導者自身要有良好的心態。多年來，「以階級鬥爭為綱」的觀念，已進入領導者的潛意識層，他們往往無意中對某些文學藝術形象和對不同的意見過於敏感，害怕人們的議論紛紛。其實，有不同意見的差異，是極好的事。人們敢講不同意見，說明人們對領導者是信任的，心理上是團結的，安定團結的標誌不是輿論一律，死水一潭，真正的安定團結是在排除「以階級鬥爭為綱」之後敢於發表自己的意見，這是關心國家的議論紛紛。

另外，一定要注意保持政策的穩定性。近幾年的文化政策實際上並不穩定。例如，一九八五年，黨中央在第四次作家代表大會上提出「創作自由，評論自由」的口號，是完全正確的。但是，到了一九八七年就成了一個問題。最近兩三年，我的學術觀點引起了激烈的爭論。儘管我和論戰的對方具有不同的學術觀念，但我發現我們雙方有一個共同點，這就是對政策的不穩定和不連貫都不滿意。我應當坦率地說，有些很好的曾經激動過我們的心靈的政策性口號，由於不斷搖擺已失去了感召力。

為了保持政策的穩定，我希望把經過實際檢驗證明是正確的基本政策法律化。需要穩定的政策應以法律的形式固定下來，要建設文化方面的法律體系。這方面的法律體系還很不完善，至今還沒有版權法，沒有文化權益保障法。不能對法制建設的水平估計過高，政府工作報告對法律情況的估計是「無法可依的局面已基本改變」，這種估計至少還不適用於文化領域，文化領域基本上還是無法可依。文化領域經常發生動盪，與法律的不完善有很大的關係。

此外，應當杜絕一切「變相」的政治運動。近四十年來影響民族心態最重要的因素，是政治運動。這十年來，黨中央多次重申不再搞政治運動，但是，有些部門的領導幹部仍然沒有擺脫「以階級鬥爭為綱」的思維結構，往往把個別性問題誇大為思潮性問題，一哄而起地動用各種宣傳機器，甚至輕率地宣佈以「運動」為中心，製造緊張氣氛，使人誤認為國家發生戰略搖擺，從而失去建設的正常心態。

我們的國家所從事的改革事業和這一事業所追求的現代目標，是近代以來幾代中國知識分子夢寐以求的。只要我們的整個民族都着眼建設，我們就會克服改革初期的陣痛，獲得更大的成就。

（原載一九八八年五月二十三日《世界經濟導報》）

這是我在人民大會堂政協全會上的發言。中國政法大學出版社的《共和國風雲四十年》一書（收錄建國後的一些重要文件文章）收錄了這篇文章（一二九九至一三〇四頁）。我之所以不惜篇幅，全文轉錄，乃是因為它是我在八十年代進行「政治性反思」的主要內容。此文發表於一九八八年春天，但思想則醞釀於八十年代初期。那時，鄧小平已提出結束「階級鬥爭為綱」的總思路，我不僅為此亢奮不已，而且從這個思路出發，不斷地「反思」。一九八一年，我曾與中國社會科學院研究生院的院長溫齊澤促膝談心了一次。他是延安老幹部，共產黨的資深理論家。我們在談到過去（改革之前）的歲月時，達成一種完全一致的共識，即一九四九年中華人民共和國成立之後，我們民族生活的重心要是及時地轉向和平建設就好了。可是我們還是繼續革命，還是以階級鬥爭為綱，民族生活的重心並未轉移，只是過去叫作「戰爭」，現在叫作「鬥爭」；過去叫作「民主革命」，現在叫作「繼續革命」。因為有此堅定的認識，所以我的「政治反思」皆以此為軸心。在政協開會時的發言，也是此一軸心的發揮。我的政治反思，因為在全國政協會上發表，所以影響甚大，以至於引起了胡耀邦總書記的注意。胡耀邦這位領導人，謙虛至極，很善於聽取尖銳意見。他竟然交代政協辦公室說：凡是劉再復的發言，立即送到我這裏。

(二)文化反思

除了「政治反思」之外，我還在進行李歐梵所說的「文化反思」。人們都說，八十年代的「文化熱」是我「煽動」起來的。這句話雖然有些誇張，但應當承認，我確實是八十年代文化熱——文化變革潮流的「弄潮兒」。此次「弄潮」，表層目標是反傳統；深層指向則是借反傳統而繼續五四的啟蒙精神，即重新肯定「個人」與「個性」的精神，也就是重新呼喚個人的生命尊嚴與生命價值。文化大革命摧毀了個人尊嚴與個人價值，把「個人地位」革命掉了，文化反思的歷史針對性，針對的是文革現實。但通過傳統批判而完成現實批判，似乎更安全，也顯得更有學問，於是，八十年代出現了幾位徹底反傳統的知識人，他們把「傳統」說得一無是處。我雖然沒有那麼激烈與徹底，但也認為，我國的文化傳統雖有個體人格精神的許多論述，如孔子的「三軍可奪帥也，匹夫不可奪志也」，如孟子的「富貴不能淫，貧賤不能移，威武不能屈」的「浩然之氣」等，但缺少物質性(現實生活)的「個人自由」、「個性解放」(如婚姻自由、戀愛自由、讀書自由等)等思想，尤其是二十世紀下半葉，集體主義精神發揚了，但個人變得毫無地位，一切「個人行為」均被視為「個人主義」。五四新文化運動所爭取到的個人自由完全喪失了，連言論自由都沒有。因此我痛切地感到新文化精神的失落，所以就和林崗合著《傳統與中國人》，對我國文化傳統中的「奴隸性」、「依附性」進行了一次痛快的批判。批判得有點過頭，所以二〇〇一年香港牛津大學出版社再版此書時，我和林崗不得不通過再版前言進行一番說明。在《前言》中我們聲明：

人文學術特別是批評性的人文學術，從來就有兩方面的不同含義：一方面它是面對一個具有真實性的問題提出看法，另一方面是在一種社會情境之下與現實的對話。前者是人文批評具有客觀性的那一方面，後者則是人文批評必不可少的主觀性的那一方面。在一個具體的論題裏，我們很難截然分清哪些是具有真實性的部分，哪些是具有主觀性的部分，因為兩者幾乎是水乳般融合在一起的。不過在比較抽象的層面上，我們還是能夠在兩者之間看到模糊的界限，這大約是人文批評本身的特性決定的，人文批評既讓我們看到對事實問題的見解，又讓我們強烈地感受到理想的激情與對現實的關懷。比如，魯迅關於中國傳統「吃人」的論題，他在自己的一生中多次發揮，見諸散論、小說和雜文，顯然不是一時的輕率議論，而是包含着對自己母國文化沉痛的思索和睿見。若是我們否認傳統「吃人」的論題具有任何可以稱得上是真實性的對傳統的見解，否認這一見解具有任何「學術」的含義，認為它不過是一時的激憤之辭，那就無從解釋這一論題何以在二十世紀的中國思想史上扮演如此重要的角色。若是我們拒絕這一思想，我們也將失去在今天重新認識傳統的重要依憑之一。但是，假如認為「傳統吃人」的命題就是一個純粹真實性的對傳統的認識，那這樣的看法一定是幼稚的，它不但是我們感情上不能接受的，而且也在理智上有悖於我們已經認識到的社會學、人類學關於一定的文化創設和人類生活之間的關係的知識。站在任何一極的極端的立場看待批評性的人文學術都是有問題的，因為人文批評不是那種純粹冷靜和比較客觀的研究，當然也不是毫無思考的一時憤怒，它融會了激情，現實關懷和作為事實存在的文化傳統的深刻認識，它登場出現在特定的社會歷史場景。我們認為，這種認識不僅是我們今天合乎理性地理解五四新思潮的基礎，而且也有裨益於反觀筆者十數年前寫作《傳統與中國人》時的感受和思考。看清楚一個事實，是多少需要拉開一點距離的，五四去今八十多年，那個無以名之的八十年代距今也十多年，當歷史的存在離我們漸漸遠去的時候，可能剛好是我們有限的智慧能夠看清楚它們的時候。

不管是政治反思還是文化反思，我都有自己的「思想」了。這是最高興的事，所以我一直感謝那個時代，對改革心存感激，對時代心存感激，對那個時代的偉大改革者、領袖人物鄧小平、胡耀邦等心存感激。

(三) 文學反思

除了政治反思、文化反思之外，最根本的還是文學反思。對於文學的反思，實際上是對文革結束前的中國當代文學（一九四九至一九七六）的反思。反思的對象，一是作品，二是教科書。我認為，無論是當代文學作品，還是教科書，都是政治的注腳，從長遠看，沒有什麼文學價值。換句話說，前二十七年的中國當代文學，乃是失敗的文學。所謂當代文學史，乃是一部失敗的文學史，是只提供教訓，而不提供經驗，也不提供優秀文學作品的歷史。就作品而言，所有的當代文學代表作，都是政治意識形態的形象轉述。具體地說，都是「階級鬥爭」、「兩條道路鬥爭」、「兩條路線鬥爭」意識形態的轉述。不僅內容教條化、意識形態化，而且創作方法教條化、意識形態化，所有的作品全都遵循「社會主義現實主義」創作方法，即「革命現實主義與革命浪漫主義相結合」的方法。而教科書呢？它是文學批評的經典表現，也是教條化與意識形態化。所謂當代文學史，不過是當代政治史的翻版。幾部當代文學史，均是政治注腳。這種政治注腳比作為政治工具的文學作品更為惡劣的是，它完全蔑視文學創作的基本事實，只遵循政治需要，開始是活埋張愛玲、沈從文等，反右鬥爭後又活埋丁玲、艾青等，文革時則埋葬所有的非左翼作家和被政治界定為「封、資、修」的作家，無論是現代文學史書還是當代文學史書，均讓人不忍卒讀。這種所謂文學史，價值不只等於零，甚至等於負數，因為它攪亂了文學史，模糊了讀者的眼睛，完全喪失了文學的尊嚴。

政治反思、文化反思不能替代文學反思，由於職業的需求與興趣的導向，我的反思重心還是放在文學之上。我的文學反思，有文章形式，有言論形式，還有會議形式。前兩種形式所作的反思，朋友們應當比較熟悉了。這裏我側重講述會議形式的反思。八十年代中、後期，也就是我擔任中國社會科學院文學研究所所長期間，我刻意通過全國性會議進行反思。從一九八四至一九八九年，我主持舉辦的會議有紀念俞平伯先生誕辰八十五週年、從事文學活動六十五週年會議，紀念何其芳逝世十週年會議，「新時期文學十年」（一九八六）討論會，紀念魯迅逝世五十週年會議（一九八六）。這些會議規模很大，影響也很大，僅「新時期文學十年」討論會，參加的人數就超過了二百人，與會記者達九十八人。會議的組織者之一、《文學評論》編輯部副主任陳駿濤在回憶此會議時寫道：

……通知發出以後，反饋十分強烈，要求參加會議的人數非常之多，從原議的八十人，一再突破，到發正式通知的時候，翻了一番到一百六十人。這些人絕大部分都是報了論文選題的學者、評論家、高校教師和文藝報刊編輯。此外列席人員和工作人員，開幕式那天的到會人數將近三百人，寬敞的國誼賓館會議廳座無虛席。由於參會人數過多，除大會發言外，我們安排了四個半天的大組會。會議從九月七日開幕到十二日閉幕，會風既熱烈活躍，又有較高的學術水平。會中和會後報刊上都有不少關於這次會議的報道。據「十年會」閉幕不久的一個統計，就有二十多家報刊社、新聞社、電台和電視台向國內外報道了這次會議的消息或刊登了這次會議的有關文章。不僅文學圈內的人關心它，文學圈外的人也關心它。說這次會議的輻射面寬、震動力大，並非誇大。

二十年後的今天，當我重新翻閱當年那些參加會議並在會上發言的人員名單時，不能不發出這樣的感慨：這真是一次文學界老中青三代精英薈萃的盛會！錢鍾書、張光年、陳荒煤、馮牧、王蒙、唐達成、李澤厚、許覺民、朱寨、劉再復、何西來、劉心武、張炯、謝冕、閻綱、徐俊西、范伯群、劉思謙、魯樞元、曉雪、宋遂良、劉登翰、滕雲、盛英、黃澤新、陳丹晨、劉錫誠、吳泰昌、潘凱雄、李子雲、周介人、吳亮、王紀人、李陀、吳方、何志雲、于可訓、王又平、楊義、曾鎮南、楊匡漢、張韌、程廣林、沈敏特、王愚、余斌、陳孝英、陳思和、王曉明、宋耀良、許子東、李劼、鄒平、周政保、朱向前、盛子潮、王錦園、羅強烈、吳彬……從這個遠不完整的名單中，也許約略可以看出：與會者大多是學有所成、名副其實的當代學人，其中有些人還是名聞遐邇的大學者、大作家。如今，業已作古者，文學史上有他們的位置；年逾古稀者，人們沒有遺忘他們以往曾有過的文學業績；健在者，無一例外都已進入中老年，除極少數例外，大都依然在文學界或學術界勤奮耕耘，發揮着他們應有的作用。一個學術討論會，能夠集中這麼多當代文壇的名家、大腕，實屬難得，只能認為，這個學術會議具有一種天然的凝聚力。

這次會議的中心議題是「新時期文學觀念的變革及其流向」，但談論的話題卻遠為開闊。一九八〇年代寬鬆、寬容的文化氣氛，以及對創作自由和評論自由的倡導十分有利於人們對文學上的廣泛問題進行獨立思考並展開自由交鋒，從而取得積極的、創造性的思維成果。

對新時期文學的總體評價問題，儘管會上有一些不盡相同的意見，但總的來看，並沒有根本的分歧。許多人認為，十年巨變，應該對新時期文學給予充分的肯定，很高的評價。以美學家身份參加會議的李澤厚甚至認為，新時期文學的十年，是繼「五四」以來新文學歷史上最輝煌的十年，其成果無論從數量上還是質量上都超過以前，在藝術上和思想上都達到了相當的深度和廣度。唐達成在代表中國作家協會的講話中也認為，十年來我們的文學經歷了從復甦到興盛的空前發展，今天已迅速進入到建國以來最繁榮活躍的新時期，他特別強調，這個新時期應以一九七八年的十一屆三中全會為起點。與上述表述略有不同的是張光年和朱寨，他們認為，新時期文學也許並非是社會主義文學最光輝的十年，但它無疑是最關鍵、最重要的十年，是文學起死回生、青春煥發的十年，是「五四」以來又一個開放的時代。

對新時期文學發展的歷程，在這次會上，許多人都提倡對它可以，也應該多角度地進行描述，突破以往單一的規範。時任文化部長的王蒙以小說家的身份談到了對新時期文學多角度概括的可能性：可以從政治生活的變化上來概括新時期文學所發生的變化；也可以從文學作為語言的藝術，從藝術本身來概括這個變化；也可以從文化思潮上來概括它代表的是一種什麼思潮；還可以從中國文學與世界文學的關係以及中國文學與古典文學的關係來對它進行概括。多種概括的本身，就說明新時期文學有了可喜的變化，像生活一樣，是一個豐富的整體。劉再復在《論新時期文學主潮》的長篇發言中，從反思這一角度，對新時期文學的發展作了這樣的描述：政治性反思——文化性反思——自審性反思。這是一種新的、獨特的概括，它有利於人們對新時期文學發展中一個較深層次的問題——社會心理結構問題——進行認真、深入的思考。

會上，對劉再復主體發言中的兩個問題都有一些不同的意見，這也是這次會議上討論得最熱烈的兩個問題：一個是人道主義問題，一個是自審意識問題。人道主義是劉再復新時期以來反覆談論的一個問題，也可以說是他文藝思想的一個核心。一九八五年七月，他與謝冕、何西來和我四個人一齊去新疆講學的時候，就談到了人道主義問題，強調「新時期文學要高高地舉起人道主義這面旗幟」。在「十年會」上，他進一步指出，新時期文學的發展過程，是社會主義人道主義的觀念不斷地超越「以階級鬥爭為綱」的觀念的過程。對於人道主義的現實意義，很多人都認同劉再復的意見，認為從這個角度概括新時期文學不僅具有鮮明的歷史針對性，而且為創作和理論設立了戰略性的框架。但也有不少人認為，人道主義是十九世紀資產階級上升時期的思想武器，今天面臨二十世紀所遇到的種種複雜的問題，人道主義這個武器是不是顯得滯後了？我們現在對人道主義的解釋還沒有超出自由、平等、博愛的範疇，體現不出當今的時代特色和現代意識。對自審或懺悔意識問題，有贊成劉再復意見的，認為自責和自審，是更高層次的自我懷疑和否定，包含着自愛和自強之道，不能從消極面去理解；但也有人擔心不適當地強調與民族共懺悔，會導致類似宗教式的「原罪」感情，把十年動亂的責任讓大家一起來負，這不公平。

對一些比較重要的問題，這次會上差不多都存在着差異、分歧和爭論。朱寨先生在閉幕詞中認為，這是所有開得比較成功的學術會議的常態。正因為存在着差異、分歧和爭論，每一個與會者才顯示出自身獨立的價值和意義，才體現出真正的學術民主和言論自由。這次會議討論的問題應該說是豐富的，氣氛是熱烈的。

會議值得提到的插曲不少。這裏只提三個插曲。

一個是錢鍾書的到會。會議領導小組決定請幾位德高望重、比較有影響的人物與會，其中有一位是錢鍾書先生。我們事前已經估計到，要請動錢先生是很難的，因為不要說是一個學術討論會，即使是中南海的國宴，錢先生也是難得出山的。這倒並非外界議論的清高不清高的問題，而是幾十年來錢先生就是這麼一種性格：不趨同，不湊熱鬧。這一次我們也只是抱着試一試的態度，請他出席開幕式，在主席台上坐一坐。沒想到他居然爽快地答應了，這讓我們有點喜出望外。從他家出來以後我們還在議論：會不會到開會那天又託詞變卦呢？很有可能，反正做兩手準備。但開會那天錢先生不但按時到會，而且沒有中途退場，直到開幕式結束。這件事當時對我們鼓舞很大，與會代表也把它當成一件新鮮事紛紛傳揚。另一件事是「黑馬」劉曉波的冒出。在大部分與會者對新時期文學的一片肯定和讚揚聲中，冒出了一個少為人知的青年劉曉波，先是在會中發言，接着又在大會上大講新時期文學的「危機」。劉曉波認為，新時期文學十年是充滿危機的十年，它並不光輝燦爛，很多作家都在沒完沒了地重複自己。新時期文學的主流，並不是「五四」新文學的繼續，而是中國古代文學的拙劣的翻版。劉曉波的意見並非沒一點道理，但他不重視具體分析，把局部誇大為全體，得出了一個聳人聽聞的結論。他的言論立即得到南方和海外一些媒體的激賞，當年的《深圳青年報》就用大幅標題《新時期文學面臨危機》刊登了劉的言論，並稱劉為「黑馬」，掀起了一陣不大不小的轟動效應。直至近日，內地有些公開出版物還將劉的言論作為「十年會」上的一個唯一值得注意的事件提出，似乎在「十年會」上除了劉曉波的發言外，就沒有更值得注意的東西了。這實在令人費解！

還有一件事是，會上有一位不請自來的郭開（他當年曾因激烈批判《青春之歌》而出名），他在會上的發言中把劉再復的講話稱為「里程碑」，與毛澤東《在延安文藝座談會上的講話》相提並論，並人為地予以拔高，甚至將二者對立起來。這引起了會議領導小組的高度重視。劉再復在閉幕式上特別指出，這是極其錯誤的，是違背科學精神的。在神聖的科學講壇上，我們說的話都應該負責任，而不應該是隨意性的，更不應該胡說八道。

駿濤是個有心人，他對會議作了又詳細又準確的記錄。我在「新時期文學十年」的開幕式上作了《新時期文學十年的主潮》的發言，確實強調了新時期文學呼喚「人道」的特點。這個時期的文學大體上是寫實主義文學。文化大革命及其歷次政治運動的「現實」，是踐踏人的尊嚴與踐踏人的價值的現實，是人道、人性、人權喪失的現實，因為鄧小平不喜歡「人權」這個詞語，所以我沒有使用這個概念。而「人性」又涉及尚未達成共識的「人性論」，所以就多用「人道主義」這個詞彙。劉曉波作為「黑馬」，攻擊「人道主義」早已過時，我並不反感，因為在理論上我也知道「人道主義」並不深刻。但在文化大革命不講人道的語境下重提「人道主義」卻有其深刻性在；此外，「人道主義」理念本身雖不深刻，但討論「人道」理念為什麼在中國總是難以扎根的問題，卻有其深刻性。劉曉波似乎沒想到這一點。但因為指責劉曉波的聲音太強烈，所以在會議的閉幕式裏，我特別為劉曉波辯護，說他敢於批評我使得會議的思想更活潑，並無學術之外的動機。

此次會議，我提到了另一個重要思想，就是在評說新時期文學時，認為它「審判有餘而懺悔不足」，也就是說，審判時代的力度夠了，但審判自己的力度不夠。當時我就認為，文化大革命是全民族共同創造的一個錯誤時代，每一個中國人（包括每一個中國作家）都有一份責任。懺悔意識正是強調對於這種責任的體認。當然，這不是法律責任，而是良心責任。當時，巴金的《隨想錄》已經出版，我讀後有個感想，就是覺得巴老的散文與一般的傷痕文學不同，它不是探討在以往的歷史災難中「誰是兇手」（即誰是主謀）的問題，也不是展示「正義與邪惡」兩種力量的鬥爭，而是叩問在已發生的歷史浩劫中「我個人的道德責任」。我完全認同巴老這種態度，覺得唯有正視自身的道德責任，真誠地審判自己，才有資格審判時代。一九八六年，我已學會獨自思想，所以也獨自面對祖國發生的「共犯結構」、「共同犯罪」，並覺得我們這些作家也犯過罪，不過，這是無罪之罪，良心之罪，只要有所體認即可。我的這種思想，完全是為了國家好，人民好，那時我自己也很得意，覺得自己為民族的新生找到「起點」了。沒想到，我的開幕式報告在《人民日報》、《文匯報》刊登後，卻遭到一些領導人的憤怒譴責，薄一波打電話給《人民日報》編輯部，責問道：「劉再復要大家都懺悔。我們共產黨要懺悔嗎？我要懺悔嗎？」《人民日報》的責任編輯王必勝，非常善良和友好，他告訴我，我們已回答薄老，這是學術問題，明天將發表兩篇不同意見的文章。果然，第二天，發表了兩篇商榷文章，篇幅不大，態度也是友善的。然而，我的思想卻得到巴老的充分肯定與欣賞（參見拙作《巴金的意義》）。

「新時期文學十年」研討會之後，又開了紀念魯迅逝世五十週年大會。此會因為國際性太強，便由中國社會科學院以院部名義召開，邀請函由院裏發出，會議主題由院部審定。儘管主題報告還是由我作（錢鍾書先生致開幕詞），但報告的稿子要送院部審定。因此，本來我想借大會之力宣揚的思想也受到了限制，至少減去許多力度。我原來設想，通過這個會，我們既要充分肯定魯迅的成就，旗幟鮮明地確認他是中國現代文學史上最偉大的作家與思想家，另一方面又要批評「神化魯迅」、「聖化魯迅」的傾向，揚棄「魯迅話句句是真理」的偏執，把魯迅從「神壇」移向「人間」，為此，我甚至準備具體地講述魯迅的十個「錯誤」：（一）否認中醫的科學性；（二）否認梅蘭芳京劇藝術；（三）嘲弄科學家李四光；（四）提出「黨同伐異」的錯誤理念；（五）提出「一個也不寬恕」的理念；（六）否認競賽的「公平」原則（《論費厄潑賴應當緩行》）；（七）提出「痛打落水狗」的反悲憫理念；（八）籠統宣揚「報復理念」；（九）寫作多篇「人身攻擊」小說；（十）過分強調「文學階級性」（為此還對主張「人性論」的梁實秋進行人身攻擊）。

因為魯迅已被塑造成「現代聖人」，所以在肯定他的「神聖」的同時，也要指出他的非聖賢理念甚至是錯誤理念。可惜，我當時與院部作了妥協，也不想讓自己的報告再次引發爭論。對此，在會後多年裏，我一直感到遺憾。

第三章

「思想主權」的大覺醒

一九八七年，劉再復在巴黎。時任中國社會科學院文學研究所所長。

當我萌生出「反思」之後，隨之明白，關鍵是自己要成為獨立不移的思想者。當時，我的思想主權意識覺醒了，也就是靈魂主權意識的覺醒。因為有此覺醒，我才覺得自己是一個有靈魂的人，一個擺脫「精神奴役創傷」（胡風語）的知識分子。思想主權的覺醒，這是我個人的根本性覺醒，它不僅影響到我的八十年代，使我在這個年代裏成為時代的「弄潮兒」，而且影響了我的一生，使我的人生不是奴隸的人生；不僅影響我的第一人生，而且影響到我的第二人生。直到現在，我仍慶幸有此覺醒。因為有此覺醒，我才在第二人生中，真正地贏得了自由。自由，並不是一個概念，一個命題，一種定義（我甚至不認為自由便是西方哲學家所說的「自由意志」）。自由乃是一種「覺悟」，乃是一種在嚴酷限制的條件下守持思想的獨立和思想的主權，並在種種現實的限制下，進行天馬行空似的精神價值創造。正因為有此覺醒，我才在第二人生中鄭重地提出「第三空間」的範疇，並發出尋求「第三空間」的呼喚。「第三空間」乃是擁有個人思想獨立權利即思想主權的個人空間。二〇〇一年，我和長女劍梅共同在《亞洲週刊》上開闢專欄，我寫了《尋求生存的「第三空間」》，全文如下：

尋求生存的「第三空間」

小梅，

今天想跟你談一個思索很久的新概念——「第三空間」。知識分子的本性應是中立的。站在價值中立的立場進行精神創造，以無私的態度批評社會的缺陷和自身的缺陷，這應是知識分子的天然特點。然而，在中國的現代史上，由於社會矛盾的激化，一直形成「國共兩黨」以及「左翼與右翼」、「革命與反革命」兩大營壘的對峙。一九四九年新政權建立後，又有「兩個階級、兩條路線鬥爭」。結果，除了一部分知識分子屬於黨派中人而樂在其中之外，其他知識分子則常常惶惶不可終日。

金庸小說《鹿鼎記》給中國貢獻了一個「韋小寶」。韋小寶就生活在政府（宮廷）與反政府（天地會）中間。這個中間，實際上只是難以存身的小夾縫。要在夾縫中生存下來，就得使出全部生存技巧。這部喜劇的背後是大悲劇：韋小寶沒有自立自主的生活空間。韋小寶的生存狀態正是中國現代知識分子的生存狀態，僥倖的像韋小寶，不幸的則像阿Q，革命派得勢時「不准革命」，反革命派得勢時則要他的腦袋。

受激進政治的影響，在現代文化史上，作家詩人也不得不進入某一陣營。二、三十年代，左翼文化與右翼文化兩大集團對峙。周作人、林語堂等想置身於營壘之外「談龍說虎」和抒寫「性靈」，立即遭到魯迅等人的批評，當時還有一些知識分子（如杜衡）想當「第三種人」，走「第三條路」，魯迅更覺得可笑。儘管我崇敬魯迅，但在這裏卻要批評魯迅不夠寬容，不給知識分子同行留下超越兩極的存身之地——第三空間。我在文化大革命中看到批判「逍遙派」（即不參加任何派別），心裏就發顫。那些年我老是想起《水滸傳》中的盧俊義。他是「河北三絕」之一，著名紳士，並非朝廷勢力，也非造反營壘中人，本來活得好好的，但梁山好漢因為「替天行道」的需要，非要逼他上山不可。他不想上，梁山好漢就不擇手段地「逼」，強制他入夥。無論是「匪」還是「官」，都不給盧俊義以自由的生存空間。文化大革命中，對立的山頭都要知識分子上山「入夥」，不入我的「紅名單」，便上「黑名單」。

所謂第三空間，就是個人空間。更具體地說，就是在社會產生政治兩極對立時，兩極以外留給個人自由活動的生存空間。周作人所開闢的「自己的園地」，就是這種個人空間，也可稱作私人空間。尊重人權首先就應確認這種私人空間存在的權利和不可侵犯的權利。第三空間除了私人空間外，還包括社會中具有個人自由的公眾空間，如價值中立的報刊、學校、教堂、論壇等。中國古代知識分子大體上還是擁有隱逸的自由空間的，所以才有漢代的商山四皓、晉代的竹林七賢、南北朝的蓮社十八高賢、唐代的竹溪六逸、宋代的南山三友、明代的曹溪五隱等隱士的立足之所。隱士倘若出山，有的也入仕（為官，如諸葛亮）、入夥（當造反謀士，如吳用），但許多則成為自由主義者和「第三種人」。一九四九年之前，儘管已開始批判「第三種人」，但作為「第三種人」的民主個人主義者還有生存的可能性；到了一九四九年以後，這種人則全被消滅。第三種人的消滅意味着第三空間的消亡。兩個階級、兩條路線的政治抉擇無時不在、無處不在，知識者既沒有隱逸的私人空間，也沒有自由講話、自由參與社會的公眾空間。

文化大革命結束後，知識分子爭取自由的權利，正是爭取「第三空間」的權利。有不受政治干預的個人空間才有自由。二十年來雖說「第三空間」實際上正在悄悄生長，但人們並沒有意識到「第三空間」是何等重要。反之，無論在國內還是在海外，許多人仍以為知識分子非附上某張「皮」、非依附於某一政治集團不可。敵我分明，或入官、或入夥，或扛政府大旗，或上異議戰車，二者必居其一。倘若獨立，就兩面不討好。李澤厚和我合著《告別革命》，強調知識分子應擺脫兩極思路，應有超越兩極的中性立場，既不當政府的馴服工具，也不當反對派集體意志的玩偶，而應在自己精神空間裏進行價值創造，尋求自由自立的第三空間，也希望社會尊重這一空間。然而《告別革命》出版後卻遭到兩面的強烈批評，這時我才明白爭取第三空間十分艱難，也才明白，自由正是從社會文化的絕對兩極結構之處開始消失。今天向你訴說「第三空間」的概念，也算是對自由的一種憧憬。也許又要落入你所說的「渺茫」之中。

爸爸於香港

（原載《亞洲週刊》二〇〇一年九月三日至九月九日）

沒想到，此文引起了強烈反響，尤其是引起了金庸先生的共鳴。他特地寫信給我，祝賀我提出「第三空間」這個範疇。他的信件全文如下：

二〇〇一年十月三十一日信　金庸（金庸從明河發的傳真信 To：27881047）

再復兄，小梅，

讀了「第三空間」一文，甚有同感。拙作《笑傲江湖》中劉正風欲「金盆洗手」，即爭取第三空間之悲劇，惜正派大領袖不准，殺其全家，且逼其小兒子批鬥父親。陳家洛歸隱回疆，袁承志遠赴海外，張無忌不做教主，皆韋小寶「老子不幹了」之意也。你們兩位基本上已找到第三空間，殊可慶賀。

金庸謹啟

此信僅供兩位參閱，表示志同道合，但請勿公開，以免我被人「逼」入第X空間。（因斯人已逝，所以我把它公開於此——本書作者注）

毫無疑問，知識分子的思想獨立，必須仰仗自己的言論空間，這就是「第三空間」。在此空間中，必須擁有思想的獨立和主權，否則，自由便是一句空話。當然，這一覺醒也導致我昨日的流亡，今日的漂泊，明日的猜想。

後來我給自己立下的座右銘是八個字：「山頂獨立，海底自行」。也就是高高山頂立，深深海底行。不斷給自己發佈獨立宣言，這也算是我個人的思想秘密。

支持我思想獨立的西方文化資源不少。個人主義理念和自由主義理念都是資源。但我並非個人主義者和自由主義者，現在有些媒體介紹我時，除了給我加上「紅學家」等幾頂桂冠之外，還給我加上一頂「自由主義者」的帽子，對此，我怎麼抗議都無濟於事。我特別尊重個體選擇、個人尊嚴，但不喜歡極端個人主義，覺得極端個人主義可能走向利己主義，還可能走向「唯意志論」的法西斯。對於自由主義，我也警惕它走向抹殺判斷與抹殺真理。支持我的思想獨立的主要文化資源，倒是莊子的「無待」思想。我在大學期間，讀了莊子的《逍遙遊》，當時的老師是周祖譔先生，他告訴我，《逍遙遊》可解為《自由頌》，主旨講的是「有待逍遙」與「無待逍遙」，即有條件的自由與無條件的自由。我在老師的指點下又細讀文本，方才明白莊子倡導的是個人內心的絕對自由，所謂「有待」，便是有所依賴和有所依附；所謂「無待」，便是不依賴、不依附。莊子認為，列子的境界還不夠高，儘管他能「御風而行」，但畢竟還是依憑於風，而鯤鵬則不需要借助風便可扶搖直上九萬里。莊子嚮往的自由正是這種無須借助他物的絕對自由，即「無待」自由。在我成長的青年時代，早就聽到革命領袖教導說，知識分子只是「毛」，難以獨立支撐，它必須依附於某種「皮」上才能有用處。我原來接受這種思想，但是革命領袖去世後不久，隨着國家的巨大變動，我更多地是相信「雞毛可以上天」，甚至可以獨立上天的理念。八九風波出國之後，這種理念更為強烈，在解釋林黛玉為賈寶玉的禪偈加上「無立足境，是方乾淨」時，也是用的「無待」思想。所謂「無立足境」，便是無所依附。而只有不依附他人、他物，才有真的自由。林黛玉的禪悟抵達了「無待」境界，高出賈寶玉一籌。賈寶玉的原偈寫道：「你證我證，心證意證，是無有證，斯可云證；無可云證，是立足境。」這固然蘊含自由，但只是列子的境界。而林黛玉加了八個字，才把寶玉推向莊子的境界。

因為思想主權意識的覺醒，所以我便公開主張知識分子至少應當擁有三種自由：一是獨立的自由，即不依附的自由；二是沉默的自由，即不表態的自由；三是逍遙的自由，即不參與的自由。

我之所以和好友高行健的思想特別相通，也正是因為他特別強調作家、詩人、思想者必須獨立不移，絕不依附任何集團、黨派和機構。二〇〇五年在法國普羅旺斯大學舉辦的高行健研討會上，他鄭重地說：我沒有祖國，沒有黨派，沒有團體（只有幾位好友），完全是獨往獨來，特立獨行。而這種獨立性，正是贏得自由的條件。我在海外複雜的政治環境中，為了贏得自由，一直選擇中道立場，守持價值中立。在專欄文章中，我闡明一個觀點——知識分子要贏得自由、獨立，只能超越兩極對立，選擇生活於獨立自主的「第三空間」。

第四章

「思想罪」的缺席審判

一九九〇年，劉再復攝於德國。

八九之前我的三層次「反思」，終於在八九風波後得到「報應」與「清算」。儘管我在八九風波中是被動參與的，但還是被陳希同點了名。政治上的「錯誤」必然引發「思想」上的討伐，這是個規律。一九九〇年，北京召開了三天三夜批判李澤厚的會議，長沙（李澤厚故鄉）又外加了一天。我則在濟南召開的會上，被「缺席批判」了三天三夜，與會者多達一百二十人（會議公報只承認六十人），會議結束後，他們還發表了一份「公告」，名為《文學主體性問題討論會紀要》（刊於一九九〇年十二月八日《文藝報》和《新華文摘》一九九一年第二期第一二六至一二八頁，以下簡稱《紀要》）。這份「公告」煞有介事地裝模作樣，在形式上模仿黨中央的會議公告，小題大做，口氣很大，但明眼人一看就知道其形式的抄襲性，因此，顯得有點滑稽。《紀要》全文如下：

文學主體性問題討論會紀要

文學主體性問題討論會於十一月二日至五日在山東省濟南市召開。會議由國家教委社會科學發展研究中心、山東大學、中國社會科學院文學研究所、《文學評論》編輯部、中國藝術研究院馬克思主義文藝理論研究所、《文藝理論與批評》編輯部、北京大學中文系、中國人民大學中文系、北京師範大學中文系、武漢大學中文系、四川大學中文系聯合發起，六十位學者、理論工作者及報刊新聞工作者參加了討論會。

與會同志一致認為，文學主體性問題是一個重要的理論問題。馬克思主義一貫重視主體性，馬克思主義經典作家在文藝問題上強調主體的地位和作用。不過，在一段時期中，由於極左思潮和形而上學的影響，我們在文藝理論和創作實踐中確有忽視主體性的缺陷和不足。因此，運用馬克思主義的立場、觀點和方法加強對於文學主體性的探討，是完全必要的。但是，原《文學評論》主編劉再復的「文學主體性」理論並沒有沿着馬克思主義的軌跡行進，不僅在思想上顛倒理論是非，對社會主義的文藝事業造成了不良影響，而且在政治上也起到助長資產階級自由化思潮氾濫的作用。因而，必須加以認真清理。

劉再復的「文學主體性」理論是主觀唯心主義的文學觀。他把主體分為精神主體和實踐主體，將精神主體凌駕於實踐主體之上，變實踐主體為精神主體的操作工具。他進而賦予精神主體以絕對的獨立性和決定客體、支配萬有的無限力量。他認為，精神主體的這種決定力量在現實中無法實現，卻可以而且應該在文學中獲得實現。與會同志指出，這就把主體封閉在一種獨立無依、主觀自生的精神領域，成為一種既無現實基礎、又無客觀內容的純粹虛幻的精神符號。這種主體或文學主體在現實生活中根本不存在，完全是一種主觀唯心主義的哲學虛構。宣揚以這種主體在文學中決定一切，就必然否定社會生活是文學藝術的唯一源泉，從而否定文學的反映論，也必然否定時代、社會、階級對作家的制約，從而否定文學藝術的階級性、社會性和時代性。這不僅與馬克思主義所理解的主體或文學主體性存在着根本的原則分歧，而且完全不符合文學藝術的客觀實際。

劉再復的「文學主體性」理論突出地宣揚了歷史唯心主義的觀點。他用「人的自由本質」及抽象的人性來考察歷史，宣揚「人——非人——人性復歸」的抽象的歷史公式，把包括社會主義社會在內的現實社會統統說成是人喪失「自由」、「充滿着人生的痛苦」的「異化」社會，以「主體性的失落」來概括現實社會的總特徵。他進而要求作家在文學中「回到自身」、「自由選擇」、「自我實現」，以「擺脫人的不自由不全面的存在形式」。與會同志指出，事實上，既不存在什麼先驗而抽象的「人的自由本質」，也不存在什麼無歷史前提、無社會內容的絕對的自由。由於否定了人的社會性，否定了歷史發展的客觀規律，所以，劉再復所說的「自由選擇」、「自我實現」等等，只能是流於不切實際的空談，或是據以和社會主義現實相對抗。與會同志還指出，文學創作確實是自由的精神勞動，但它在根本上是一種具有特殊的意識形態性質的精神生產。因而，它的自由是歷史的、具體的自由，不是絕對的、抽象的自由。我們的文藝為人民服務、為社會主義服務，就是這種歷史的具體的自由與社會主義意識形態性質的高度統一。

劉再復從抽象的人性出發，把抽象的人道主義作為文學的旗幟，用「泛愛論」來克服所謂「社會主義異化」，用「眼淚文學」來批判社會主義現實。與會同志指出，他的這種人道主義的出發點和歸宿都是「自我」，是從愛自己出發的「愛的推移」，而最終「獲得最高的自我價值感」。因而，這種人道主義完全是虛偽的，它的真實的理論內容是極端個人主義的價值觀。實際上，「轉向自身，求諸自己，自己規定自己，自己實現自己」，正是劉再復根本的文學主張，表現了以自我為中心的存在主義的強烈影響。與會同志指出，文學離不開自我，它既需要作家的真誠，又需要作家有獨特的藝術個性。但是，不應當在文學中把「忠實於自己」與忠實於人民、忠實於生活絕對地對立起來。作家的真誠是藝術真實性的主觀方面，劉再復片面強調作家「完全真誠」，否定了藝術的客觀真實性的要求。藝術個性也有高下優劣之分，只有能夠深刻表現時代的真理、社會的真相和人民的真情的藝術個性才是高級的和優越的藝術個性。片面主張作家只「忠實於自己」，必然使作家脫離時代生活、脫離人民群眾，從根本上破壞了藝術個性的形成和發展。因此，劉再復宣揚的自我擴張、自我實現的文學主張，也是違背文學藝術的規律的。

劉再復的「文學主體性」理論還具有非理性主義色彩。他主張非理性的深層自我實現，把情慾本能作為文學創作的根本動力，誇大潛意識在文學中的作用，把非自覺性作為文學創作的基本特點和最高境界，把文藝的情感性非理性化，宣揚「為愛而愛」、「不知道為什麼愛的愛」等等。與會同志指出，文學創作中確實存在某些非理性的因素。應該在承認世界觀的指導作用、承認文學創作根本的理性性質的前提下，探討文學創作中非理性因素的地位和作用。但是，劉再復搬用西方精神分析學說，將文學創作非理性化，要作家「完全自然」，就是要引導作家脫離社會生活，不要社會責任感，也不要在改造客觀世界的同時改造自己的主觀世界，完全從自我的慾求和願望出發去追求自我實現。這就把文學主體封閉於內宇宙，釘死在無須進行理性反省的、完全自發的情慾本能和潛意識上。

與會同志在對劉再復的「文學主體性」理論進行討論分析的同時，也探討了它產生的歷史原因和政治傾向。大家認為，它一方面是西方存在主義、新康德主義、新人本主義和弗洛依德主義思潮侵襲、氾濫的結果，一方面又是資產階級自由化思潮愈演愈烈的自覺的必然產物。劉再復從反對文藝領域的「機械反映論」、「庸俗社會學」和「以階級鬥爭為綱」開始，發展到比較系統、全面地曲解馬克思主義及其文藝學說，蔑視唯物辯證法和唯物史觀，相當典型地反映了近些年來文藝學領域為資產階級自由化思潮提供思想基礎和理論依據的言論和變化軌跡。劉再復的「文學主體性」理論表現了明顯的與馬克思主義基本原理的對立傾向和對我們今天社會主義現實的離心傾向。與會同志認為，這一理論實際上是政治化的學術，或打着學術旗號的政治，帶有明顯的資產階級自由化傾向。如果不從政治傾向上加以剖析，就很難對這一理論作出深入的評價。

與會代表指出，劉再復直接鼓吹「救亡壓倒啟蒙」論、社會主義「早產論」和資本主義「補課論」。他認為，「五四」文學啟蒙精神及其「主體性」的「失落」，是因為「救亡的任務」「擠掉了啟蒙的任務」，是因為「由封建社會直接向現代社會轉型時，並沒有造成強大的自由職業者的階層和相應的現代的政治、經濟、文化基礎」，「中間缺乏一個以物的交換為基礎的商品經濟發展階段，也就是缺乏一個使人的獨立性成為可能的社會形態」。他明確地把資本主義發展初期的啟蒙運動時代看作知識分子的天堂，鼓吹「自由競爭的商品交換社會形態」才是培植文藝家「主體性」、「個性、自我意識和獨立精神」的「現實土壤」。這就不僅歪曲了新民主主義革命的歷史，而且把他對於「主體性」、「文學主體性」的呼喚直接與走資本主義道路聯繫了起來。

劉再復還臆造了所謂「歷史角色互換」說。他主張為了保持「主體性」，知識分子只能並且永遠做「先覺者和啟蒙者」，農民只能並且永遠做「被啟蒙、被改造的對象」。他主張文藝只能「化大眾」，反對提文藝的「大眾化」。他認為知識分子的「搖擺性」，正是知識分子身上的「一種可貴的現代文化品格」。他誣蔑黨在文化觀念上「確認農民的文化精神和文化心理是最先進、最標準的」；認為作家正是在接受農民的「再教育」中造成了「文化精神退化」，正是在與工農結合、歌頌工農的過程中造成「以知識分子為主導地位的文學時代在一個歷史階段上已經終結」。與會同志指出，劉再復的這些論調根本否定了「五四」以來的革命文藝傳統和文藝成就，根本否定了以《在延安文藝座談會上的講話》為核心的毛澤東文藝思想的歷史貢獻和理論價值，也根本否定了文藝的「二為」方向，為「精英文藝」大造輿論。

劉再復還集中歪曲了建國以來黨的文藝方針和文藝政策，認為這一時期把「戰爭時期的特殊政策和特殊觀念普遍化，並全部延續下來」，限制了文藝家「更多的發展自由」，「把藝術完全納入政治軌道」，使文藝家失去了「多種選擇的可能性」，陷入了「帶普遍性的、時代性的苦悶」，進一步增強了「政治負罪感」。與會同志指出，建國以來文藝工作確實發生過這樣那樣的錯誤和缺點，對此提出批評、總結教訓當然是應該歡迎的。但是，劉再復卻是在根本上和全域上徹底否定黨的文藝工作，並臆造出一幅廣大知識分子的「受難圖」和文學藝術的「凋敝圖」，挑撥黨與知識分子的關係，其結果必然是抹殺社會主義文學事業的成績，有損黨對文藝工作的領導和否定文藝的社會主義方向。

劉再復更進一步提出要進行一場具有鮮明的政治色彩的所謂「文體革命」。他說，馬克思主義「實際上是一種文體統治」，是一種「專制式的思想統治」。要「解放思想」，「使心靈獲得最大的自由」，就要對馬克思主義來一場「文體革命」，「打破」這種「佔主宰地位的獨斷主義」，開創一個「獨立多元的文體時代」。他鼓動說，「中國人現在要有一個新的思想境界。不要寄希望於萬能而盡美的一元」。與會同志指出，這些論調不僅僅是要削弱和取消馬克思主義在我國思想文化領域的指導地位，而且是明顯地對馬克思主義思想體系進行了直接的攻擊和根本的否定。

與會同志認為，劉再復的「文學主體理論」在文學創作中造成了相當嚴重的破壞性影響，不僅助長了資產階級自由化思潮在文藝界的氾濫，而且釀成了文藝創作的大滑坡大倒退。這種影響應當加以認真的分析和清理。劉再復主張絕對的「自我實現」，造成了極端個人主義在文學藝術中的氾濫。劉再復的「文學主體論」理論既要求作家「向內轉」，又強調「自我」，追求絕對的「自我實現」。不但助長了文藝創作中淡化生活、淡化時代、淡代政治等不良傾向，還在文藝創作中造成了一股「自我表現」熱。在這種思想影響下，一些頗有才華的作家逐漸脫離群眾、蜷縮於內心生活的小天地，喪失了藝術的活力。他們或者去描寫並讚賞離群索居、顧影自憐、一心追求自我價值的可憐蟲，或者去表現並頌揚目空一切、自我擴張、一心追求絕對自由的精神貴族。他們的文學活動，也或者局限於文學沙龍之中，沉溺於故作清高的形式探索；或者滿足於孤芳自賞，玩世不恭地玩文學；更有甚者，便要逐利於市，縱情於情慾本能的自由激盪，去獲得最下着的「自我實現」。劉再復讚賞孤獨、痛苦的「眼淚文學」，鼓動作家批判現實、暴露現實，與社會主義現實相對立。劉再復的「文學主體性」理論既用「主體性的失落」和「異化」來概括現實社會的總特徵，又鼓吹存在主義的感傷、絕望情緒，對文藝創作帶來了極壞的影響。在這種思想影響下，某些作品專意「暴露」和誇大、渲染社會主義社會的陰暗面，把社會主義現實生活描繪得一團漆黑、沒有希望、前途黯淡，以憤世嫉俗、迷亂狂躁、頹廢沒落、悲觀絕望的情緒情調來否定社會主義的現實和共產主義的理想。

劉再復宣揚以自我為中心的抽象人性、否定「五四」以來的革命歷史和革命傳統，把文學創作導向脫離中國人民革命鬥爭的危險的政治軌道。劉再復既標榜「自我」，又張揚「無邊」的「愛的推移」，卻把中國人民的偉大革命說得一無是處。這與近幾年來猖獗一時的資產階級自由化思潮完全是合拍的。在其影響下，某些作品專意於美化國民黨、醜化共產黨，把國民黨的反動分子描繪成人情脈脈、風流瀟灑，卻把堅定的共產黨人歪曲為青面獠牙、人性喪盡。這樣的文學，完全墮落成了顛倒是非的某種政治圖解。

與會同志一致認為，「劉再復現象」留給我們的教訓是極其深刻的。第一，我們一定要重視意識形態領域的鬥爭，必須從顛覆與反顛覆、和平演變與反和平演變的戰略高度來重視意識形態領域的領導權問題。在當前，要堅定不移地反對資產階級自由化，保證社會主義的改革、開放深入發展。第二，我們一定要着力培養無產階級革命事業的可靠接班人。對於選拔出來的中青年幹部，要努力使他們成為堅定而清醒的馬克思主義者，要堅持嚴格要求，在實踐中加以鍛煉和考驗，並接受群眾的監督。劉再復所以逐步走上背離和否定馬克思主義的道路，這與某些同志姑息錯誤、放棄教育甚或支持縱容是分不開的。在今天，我們仍然希望犯過劉再復這類錯誤的同志，能夠幡然悔悟，接受黨的教育，努力回到正確的立場上來。第三，我們一定要加強馬克思主義的理論探索，堅持並運用馬克思主義的基本原理，研究新情況，解決新問題，發展馬克思主義。與會同志肯定，在這次討論會上，關於文學的主體性問題提出了不少馬克思主義的建設性意見。希望今後繼續進行探討，百花齊放、百家爭鳴，在堅持和發展馬克思主義文藝科學上不斷取得新成績，促進社會主義文學藝術繁榮昌盛。

（國家教委社會科學研究中心供稿）

（一九九〇年十二月八日《文藝報》）

北京、長沙、濟南三處會議進行時，我和李澤厚先生已經移居美國。有關會議的消息與資料全是朋友提供的。因為李先生和我均未參加會議，所以這些思想聲討只能算是「思想罪的缺席審判」。李先生比我有心，他在台灣三民書局出版的《李澤厚著作集》中，收入了那些具有代表性的批判文章作為附錄，例如：《這是一個什麼思想庫——李澤厚先生近年理論觀點評析》（《當代思潮》一九九〇年第三期，作者凌似）；《若干哲學、思想史問題系列討論會第二次會議紀要》（《文藝報》一九九一年九月十四日，嚴實整理）；《民主是有階級性的——再評李澤厚先生的民主觀》（《真理的追求》一九九四年第一期，作者陳良謀）。李先生在接受《德國之聲》的記者採訪時還作了一些駁斥，我則一概不予理睬，只是仍然熱衷於「思想」，自己給自己提出幾個問題：「思想罪」能夠成立嗎？「言論罪」能成立嗎？我和李澤厚先生能算「思想犯」嗎？這些都是心理回應。我還想到，中國歷來有黑暗的文字獄，在文字獄中犯的正是莫須有的「思想罪」。在中國文字獄史上，明代因「思想罪」入獄的第一人是我的老鄉李卓吾。他死於通縣，自刎而死。明代之前，凡入獄的都是政治罪、刑事罪，好像沒有李贄似的「思想罪」。明代之後的清代又大興文字獄，其「思想罪」與「政治罪」常混為一談，如金聖歎被殺，到底是屬於什麼罪呢？在中國的歷史傳統中，「思想罪」早已有之，無話可說。可是在西方，卻找不到可作例證的言論罪犯與思想罪犯。帕斯卡爾有一句名言：「人是會思想的蘆葦。」這種蘆葦有時會產生和統治者思想不同的思想，但被審判、被砍殺的蘆葦，卻找不到例證。我的《性格組合論》、《論文學的主體性》等，也不過是蘆葦飄花而已，能算是「思想罪」嗎？此外，《紀要》竟然「張冠李戴」、「李冠劉戴」，「救亡壓倒啟蒙」純屬李澤厚先生的思想語言，但《紀要》也把它變成我的「罪狀」，說我直接鼓吹「救亡壓倒啟蒙」。其實，我根本從未討論過這個問題。

讀了之後，覺得《紀要》和我根本不在同一個精神層面，風馬牛不相及。我探討的是學術，是中國文學如何更開放、更自由、更豐富；他們設置的則是「政治法庭」，審判的是「思想罪」，扣到我頭上的是「資產階級自由化」等帽子。一九九〇年和一九九一年，我已在國外，他們只顧政治打壓，根本不給我論辯的機會。《紀要》宣稱「與會同志一致認為」，與會者真的全都一致聲討嗎？對於一個學術問題，能夠如此一致嗎？不給我聘請辯護律師也就罷了，難道就不能讓一個支持我的學術理念的學人參加會議，發出一點不「一致」的聲音嗎？

會議的形式如此專橫專制，《紀要》如此獨斷武斷妄斷，不進入任何學術問題。對於文學，首先應當進入的問題是：文學的基點（立足點）到底是「愛」還是「恨」，是「人性」還是「階級性」？這個問題本可以平心靜氣地討論。我也準備好好討論一下。我從未反對過「階級論」，至今還認為階級性如同宗教性、民族性、生物性、文化性一樣，是人性的一部分。但我認為，人性的範疇大於階級性的範疇，人性除了呈現共性之外，還呈現個性。人性太豐富，太複雜，以往（八十年代之前的三十年）我國當代文學的主要問題是把人性簡單化、僵死化了（包括把「愛」視為罪孽的偏頗）。在此歷史語境下，我不得不說些人性真諦的話和「愛的推移」的話。我對魯迅先生特別崇敬，不管什麼場合，我都說他是中國現代文學史上最偉大的作家。但他在與梁實秋先生的論辯中過於情緒化，把文學的「階級性」說得太絕對。其實林妹妹與焦大雖不是同一個階級，但也可以相愛，要不《奧賽羅》、《查泰萊夫人的情人》、《賣油郎獨佔花魁》等名著名篇怎麼會被人們所接受？退一步說，即使魯迅的論點是絕對真理，那也應當允許討論啊！

《紀要》口口聲聲說我是「資產階級自由化」。這是政治概念，不是學術概念。真問題是文學需要不需要自由，包括可不可以自由想像、自由選擇、自由超越等。自由是自給的還是他給的（上帝賜予與政府賜予的）？四十年代，中國處於革命時期，所以《在延安文藝座談會上的講話》不能不強調「文學要為大眾服務」，為革命政治服務。這是文工團的傳統與邏輯，是戰爭時期的要求。但時代不同了，我們不可要求作家只能接受大眾的啟蒙與教育而放棄引導大眾的責任。在你死我活的戰爭中，老講「愛」、「人道」、「自由」當然不妥，但在和平時期的平常生活裏，能不講這一切嗎？我一再說，自由乃是自身的一種覺悟，只有當你意識到自由的時候才有自由。作為一個作家，如果放棄這種覺悟，只會人云亦云，哪會有什麼精神價值創造？

革命文學傳統、文工團傳統不講「自我實現」，只講「黨派實現」、「國家實現」，這是可以理解的。因為那時黨派與國家需要「自我」去犧牲、去奉獻。可是到了和平建設新國家（包括建設國家新文化、新精神傳統）的時期，那就得鼓勵每一個詩人、作家、藝術家去「自己實現自己」。自我實現並非壞事，精神價值創造全是自我才華的實現。我相信每個「自己」的心靈都會發光。

出國之後，我在學術上一直遺憾，國內學術界為什麼不讓我把「文學主體性」講完呢？「文學主體性」課題，按計劃我要分三步走。第一步得講述「主體的飛揚」；第二步講述「主體的黑暗」；第三步講述「主體的澄明」。第一步肯定

「自我」；第二步限制「自我」；第三步正確對待「自我」。根據這個計劃，我到海外便自覺地正視「自我」的弱點。我知道，人生了一雙眼睛，一隻用來觀世界，一隻則是用來觀「自我」。「自我」極為豐富、複雜，它具有善的無限可能性，也具有惡的無限可能性。我之所以特別讚賞高行健的戲劇《逃亡》，就因為它揭示了一個主題：從政治的陰影中逃亡容易，但從自我的地獄中逃亡很難。我還說明，西方的自我文化有兩大脈絡：一是文藝復興所張揚的「主體強大」、「人的優越」、「自我的完美」；二是基督教文化所強調的「人的原罪」、「主體的黑暗」、「自我的脆弱」等。西方學界早已十分理性地看待「自我」與「主體」。很可惜，國內沒有給我充分論證的條件，剛說出「主體性」的概念，就被簡單化地把「主體」視為「主觀」，連「超越」的可能都放入唯心論的思想罪之中。我把「主體」分為「實踐主體」與「意識主體」，這是生命事實。這種劃分是中性劃分，無所謂唯物唯心之分。你們可以不同意我如此劃分，但不能給我一個唯心論的思想罪名。實踐主體屬於「客觀」範疇，怎可等同於「主觀」呢？再說，胡風的「主觀戰鬥精神」強調的只是作家必須擁抱現實，必須對現實進行「反思」，也沒有什麼不對。胡風強調「擁抱」，我強調「超越」，都是為了激發作家的主觀能動性，避免陷入蒼白的「客觀主義」。這也沒有錯。第一步就不容我分辯，那我還怎麼講第二步呢？第二步我要講「主體間性」，即「互為主體性」，因此相互之間就有一個尊重對方、抑制自我的問題，既調動自己的主體性，也要尊重他人的主體性。高行健的《靈山》產生之後，我更是必須講明「內在主體性」，即人的內在三主體的關係。所謂「內在三主體」，便是「你、我、他」，也就是「本我、自我、超我」。這三者形成的複雜語際關係，才是文學主體性的深層內涵。內在主體性的充分論說，就可以形成中國自身的主體性理論。可惜我因為被「政治上綱」而未能進一步闡述可能成為理論高峰的思想，這不能不讓我感到遺憾。

第五章

「思我思」：第二人生的思想延續

一九九二年，劉再復在瑞典斯德哥爾摩大學校園裏的宿舍樓旁。

八十年代，因為「反思」，我的思想開始發生。出國之後，儘管在另一個國度裏曾經產生過思想危機（甚至整個生命的危機），但平靜下來後，還是繼續思想。而這繼續思想的中心便是「思我思」。

所謂「思我思」，便是對自己曾有過的思想進行二次反思。我的《漂流手記》第一輯中有一篇從未發表過的文章，題目就叫作《思我思》，在這篇散文中，我就說：

> 出國已經兩年了。朋友們問，這兩年你在做什麼？我總是感到慚愧，只能勉強地告訴他們：我在「思我思」。過去幾年裏，我對一些社會現象和文學現象作了些「反思」，現在又對這些「反思」再想一想，這便是思我思。

也就是說，第二人生的思想，是從審視自己開始的。從第一人生到第二人生，生命產生了裂變，變化太大了，連自己都感到驚訝。我寫過多篇短文描述這場裂變，例如《瞬間》、《轉世難》、《二度童年》、《第二人生之初》、《瀕臨死亡的體驗》等，可惜大部分散文記錄的只是心境，而非思想，像《思我思》這樣的散文較少。其實，出國之初，我精神生活的重心是面對自己。因此，在出國後的最初幾年裏，我才有《魯迅研究的自我批判》、《告別革命》等思想篇章的寫作（請參見《我的寫作史》）。到日本東京大學進行自我批判，是「思我思」；和李澤厚先生回望二十世紀，也是「思我思」。因為具有「思我思」的意識，所以我的「思想態度」變化了，具體地說，有兩個巨大的變化：

第一，由熱變冷。在八十年代，我的腦子很熱，渾身燃燒着參與社會的熱情，用魯迅的話說，是熱烈地擁抱社會的是非。出國之後，我則冷靜下來，由「擁抱」變成「冷觀」，也可以說由「弄潮兒」變成「觀潮兒」。我在芝加哥大學時，就決心不再與政治沾邊了。那時，我的心思不在於判斷那場政治風波的是非曲直，只是整天在想：我明明是一個只愛文學、不愛政治的人，這回是怎麼被捲入政治的？整個過程都是被動的、勉強的，卻一步一步地被拖入深淵，導致最後逃亡。我覺得自己完全「走火入魔」了。因此，我既不滿意政府（使用暴力手段），也不滿意學生（不知妥協與適可而止），更不滿意自己（盡不到一個知識分子的責任）。覺得在這場運動中，全是失敗者，我也是失敗者。這是「思我思」的第一內容，思想的結論是，自己把自己看得太重要，太熱心於社會是非，太疏遠了文學本性，今後的人生之路還很長，從此要遠離政治了。也是從那時候起（一九八九年秋天），我斷絕了與「海外民主運動」組織的聯繫，所有的電話都由我的妻子回應。我只叮囑一句話：我不和任何人見面。所有的簽名我都不參加。需要表態的，我自己會發出聲音。真的是這樣，從那時候起，我既不聽從國家的意志，也不服從「海外民主運動」組織的意志，只服從自己的自由意志。而這種「自由意志」又是超功利、超因果的，我認定對的就說就做，認定不對的就不說不做。因為有這場真實徹底的「思我思」，我便專心地進入思想與寫作了，而且贏得一種「沉浸狀態」和「面壁狀態」。我把這種狀態稱為「文學狀態」，認為高行健和我都處於這種狀態，屬於「狀態中人」。對於女兒、女婿和其他友人親人，也喜歡用「是否狀態中人」作為尺度來展開評論、評價。我還高興地發現，一個思想者，唯有沉浸於面壁狀態中，才能與人類歷史上的偉大靈魂相逢，也就是唯有在此狀態中，才能真正與他們對話，讀他們的書才有心得。例如重讀莎士比亞，我就會覺得他的劇本固然無比精彩，但也有諸如《終成眷屬》這樣的失敗之作，並產生叩問的衝動：那位平民女子如此熱戀那位貴族青年，甚至不惜調包與之做愛，這是人性的真實嗎？有如此卑賤的女子嗎？這部作品也擁有詩情詩意嗎？在「沉浸」中重讀但丁的《神曲》，才發現他固然勇敢地把當時的許多權勢者放入地獄，但也把一些婚外戀的女子放入地獄，這樣做合適嗎？按照這樣的道德標準，《紅樓夢》裏的秦可卿該怎麼處置？是不是也要放入地獄？不管我的叩問與質疑對不對，但我可以和但丁對話了，真的與他的偉大靈魂相逢了。

在「沉浸」狀態中，我由「擁抱」轉變為「冷觀」。「冷觀」並非冷漠，只是用冷靜、清醒的頭腦去觀察、領悟世界，當然最重要的是觀察領悟文學藝術。這是「思我思」的第一個結果。

第二，由有「針對性」到無「針對性」。在「思我思」中，我發現自己以往的學術方式，即對所有的作品都追求「現實的針對性」與「歷史的具體性」，並不是做學術的最好路子。學術作品如果想要贏得長久的生命力，應當着眼於「真理的普遍性」。這種普遍性未必具有針對性，它不刻意推翻別人的命題，不刻意打倒前人的結論。也就是說，文章的基本點不是批判的，而是建構的。在八十年代，我完成的著述，都具有歷史針對性。《魯迅美學思想論稿》針對的是流行的「政治第一，藝術第二」的文學批評標準；《性格組合論》針對的是變質的「典型論」和「高大全」的畸形英雄文論；《論文學的主體性》針對的是「反映論」和文學的黨性原則；其他文章也各有具體的歷史針對性。針對性具有更直接的戰鬥力，並非不好，但它往往會使學術的理論價值受到削減。到了海外之後，我只有思想熱情，沒了戰鬥熱情。開始一段時期，寫作還習慣性地有些「戰鬥」，到了二十一世紀，我就只面對文學真理，真理是什麼樣，就說什麼樣。我在《什麼是文學：文學常識二十二講》（香港三聯書店，二〇一五年出版）序文中如此說：

三十年前，我寫作的《性格組合論》與《論文學的主體性》等，歷史針對性很強，即動筆的目的性很強。當時針對的是從蘇聯那裏拿來的「反映論」、「典型論」和「社會主義現實主義」等理念。文學本來是應當反映社會生活的，也可以塑造典型人物，但是，一旦設置了政治意識形態的前提，再談「反映」，那就不是真反映了，其典型也不是真典型了。基於此，我不得不以「主體論」這一哲學基點去更替「反映論」，也不得不用「人物性格二重組合原理」，去打破「典型」名義下的各種假面具。三十年過去了，我現在談論《文學常識》，則完全沒有歷史針對性和「目的性」。既不針對外，也不針對內，無論是蘇聯的《文學理論》，還是被我國文學界延伸的《文學概論》，或者是歐美正在流行的「現代性」新教條，我都不再刻意去論爭，更不去作顛覆性的批評。對於現在的我，「不爭」不僅是一種「德」（《道德經》中講「不爭之德」），而且是一種「方式」，即不以爭辯為出發點的建設性方式。所以，《文學常識》只是正面講述，即只講「什麼是文學」和「我期待什麼樣的文學」，等等。

這種狀況，也可以說，三十年前我談文學，是「主動出擊」，而三十年後的今天，我卻是「被動講述」。所謂「被動」，是說，如果不是被香港科技大學人文學部所「逼」，我是不會講述的。

講述時也沒有任何「怨氣」，更沒有任何「火氣」。

第六章

「放逐諸神」：思想的二度解放

二○○五年，劉再復在香港《明報月刊》辦公室裏讀清樣。

一九九四年冬季，香港天地圖書公司出版了我的一部理論著作，書名為《放逐諸神》。

這是我出國後的第六個年頭。這六年，我從逃亡到安定落腳，從芝加哥大學到科羅拉多大學，又到斯德哥爾摩大學（瑞典）和卑詩大學（加拿大溫哥華），然後又回到科羅拉多大學。六年長似六十年，在這六年裏，我不僅在地上走來走去，而且在空中飛來飛去。在瑞典的那一年裏（一九九二年夏至一九九三年夏），我不僅去了丹麥、挪威、德國等中北歐國家，而且到了俄羅斯和拉脫維亞，親眼看到我崇拜過的革命大帝國崩潰後的景象——地攤上到處是斯大林獎章和列寧獎章，人們為了餬口，爭先恐後地出賣往昔的光榮。在拉脫維亞里加大學的教師宿舍樓，我聽老教授敘述大帝國崩潰前的故事：教師無心教書，學生無心讀書，每天操心的都是麵包。為了買到一條麵包，教授們一早就去加入搶購隊伍，等三四個小時才能買到麵包。八十年前建立革命大帝國時，誰也沒想到，革命帶來的是斯大林的殘暴統治和望不到盡頭的飢餓。一個革命大帝國倒塌了，沒有人起來保衛它，所有的人，從元帥到士兵，從總統到平民，都覺得它應該倒塌，帝國的崩潰是天經地義的。這種活生生的現實強烈地刺激了我，特別是刺激了我的思維神經。

很奇怪，就在阿芙樂爾號炮艦邊上，我的思想突然洶湧澎湃起來。我意識到，自己的思想史正是從這艘軍艦開始的，我對「革命」的崇拜也正是從這艘軍艦開始的！十月革命，列寧領導的十月革命，因為這艘軍艦的一聲炮響開始了，革命的聲音傳向全世界，傳向東方，傳到我的祖國，於是，中國的第一代革命者產生了。我算是革命的第三代，真誠地崇拜革命，真的認定革命是神物，是聖物，相信它能改變一切，並能帶給我和我的人民以自由、幸福和人權。今天，我這個出生於中國南方的革命崇拜者來了，來到阿芙樂爾號軍艦邊上，來到冬宮，來到列寧格勒——聖彼得堡，親眼看到聖彼得堡的名字又像星辰重新升起，親眼看到波羅的海海岸地攤上還在拍賣列寧勳章，親眼看到俄羅斯的曠野與海域發生的巨變。我告訴自己：不能再把革命當作「神物」與「聖物」

了，過去所接受的一切理念，從「典型論」、「反映論」到「社會主義現實主義」，都是來自製造阿芙樂爾號的這片土地，教條從這裏產生，你不過是生活在教條中的一代人，不過是完全沒有獨立思想的一代人，你的「反思」，你的「思我思」是應該的，這是自救的思想萌動，然而，你的「反思」與「思我思」太不徹底了。你的思想牢籠仍然很多很重，你遠遠沒有掙脫思想鎖鏈，遠遠沒拋開阿芙樂爾號之後所製造的各種思想垃圾，這些垃圾仍然堵塞着你的頭腦和心靈，仍然窒息着你的思想活力和靈魂活力，你要重生，就得有一番徹底的告別，徹底的放逐，徹底的反思。於是，離開聖彼得堡之後，我就開始編撰新書，並自然地把新書命名為《放逐諸神》。這諸神，是原來自己心目中的神物。我覺得我應當放逐五種神物：

（一）放逐「革命」；

（二）放逐「國家」；

（三）放逐「概念」；

（四）放逐「自我」；

（五）放逐「二極思維」。

（一）放逐「革命」

反省之後，覺得把自己捆綁得最緊的是「革命」二字。「革命」，是二十世紀中國的歷史主題，「革命」成功後，中華民族的生活重心仍然是「革命」，號稱「在無產階級專政條件下的繼續革命」。我們這一代人完全是生活在「革命」之中，我個人也不知不覺地成了「革命狂」，講話、寫文章均唱「革命」高調，均以「革命」為靈魂。人群的分野則是「革命」與「反革命」，為了表明自己屬於「革命陣營」一邊，全部思路都以「革命思想體系」為準則。出國後的第二年，我和李澤厚先生對談，提出「告別革命」，這首先是為中國設想，確實想為中國「開萬世太平」，覺得在「改良」與「革命」兩條基本道路面前，應當選擇「改良」之路。改良其實也很麻煩，也需要鬥爭，但可以避免流血，避免暴力，避免傷及無辜，所以相對而言，還是走改良之路好一些。數十年的「革命」教育，使我們這些「革命狂」，個個都把「革命」當作唯一的「聖物」，都崇拜暴力，崇拜槍桿子。「告別革命」，首先是要告別這一大思路，即告別以暴力革命為歷史必由之路的思維定式。其次，就個人而言，還要告別「革命」思想體系，即以為「革命」是歷史發展的火車頭，「革命」歷史本身就是歷史的全部（排除生產力發展的歷史線索），未看到血的陰影乃是最難抹掉的陰影，「革命」本身會造成多種後遺症，包括「調動仇恨」等災難性的後遺症。我和李澤厚先生均認定，階級矛盾與階級衝突，永遠都會有，但是，解決矛盾時，階級調和（改良）比階級鬥爭（革命）的辦法好，尤其是比暴力化的階級鬥爭手段好。基於這種認識，我們從一九九一年開始，就進行「告別革命」的對話。在對話中，首先定義所要告別的「革命」，是指「用大規模的群眾運動的方式尤其是暴力的方式推翻現政權的活動」。很明顯，我們反對的是以暴力的方式「打倒」和「推翻」現政權。對於現政權，我們也有不滿，但覺得只能用「批評」、「改良」、「議會鬥爭」等辦法去解決，而不宜用流血鬥爭的「革命」辦法去解決。這也是共產國際運動中伯恩斯坦、考茨基一派的主張，被命名為「修正主義」的主張，我們正是在馬克思主義的範疇內，修正了原教旨主義中的「暴力崇拜」、「武裝鬥爭崇拜」等內涵，也是在承認現政權（共產黨政權）的合法性前提下所進行的思索。總之，「革命」是當代中國人的一種「神」，到俄羅斯之後，我親眼目睹「革命」的後果，更是決心把它放逐，從理念上，也從心靈上把它放逐。當然，我和李澤厚先生的「告別」（即「放逐」）是理性的，我們並不反對歷史上一切革命的道德正義性和歷史合理性，也不否定新中國革命的正當性，只是反對把暴力手段當作唯一手段，反對「以暴抗暴」，反對高舉「流血」旗幟。

（二）放逐「國家」

我把國家視為三合一的結構，即國家包括「自然結構」、「精神結構」和「實體結構」。自然結構是指土地、山川、森林、海洋、動物等，這一結構當然不可放逐，當然要永遠擁抱。精神結構，主要是指文化、傳統、語言。這當然也不可放逐。還有一個重要結構是權力中心，古代稱之為「朝廷」，現代稱之為「中央」，這是權力中心系統中的領袖、議會、法院、監獄、警察、軍隊等等，這個意義上的「國家」，五四運動時，文化先行者們稱之為「國家偶像」。陳獨秀寫過《偶像破壞論》，他認定，為了解放大家的思想，就得掃除各種堵塞思想的偶像；國家也是一種偶像，也屬於五四運動必須破壞之列。五四之前，梁啟超論述中國積弱的原因，其中之一就是國家觀念不明確。他認為，應當把國家與天下、國家與朝廷、國家與國民這幾對範疇區分清楚。朝廷不等於國家，愛新覺羅王朝不等於國家。他認為，國家的主體是國民，愛國家主要是愛國民，當然也要愛土地、山川、文化等（不過他未明確這麼說）。我說的「放逐國家」，指的是放逐「權力中心」這個意義上的國家。在《放逐諸神》一書中，有一篇《文學對國家的放逐》（本是提供給斯德哥爾摩大學「國家·社會·個人」學術討論會的文章），其觀點是：國家對文學管得太死，就沒有文學了。文學藝術是真正自由的領域。人類在現象界（現實生存）中其實是沒有自由的，自由只存在於文學藝術等純粹精神領域。在文學藝術中可以想像，可以展開各種心理活動。這些活動無邊無際，廣闊而神秘，不受現實規範，甚至違反法律。但文學藝術正因為有這種權利與特性，才有存在的理由。如果國家管轄得太嚴，把文學藝術「計劃化」、「國有化」，那文學藝術就會走向死亡。我經歷的年代，正是國家發揚戰時文工團傳統的年代，國家要求文學藝術為政治服務，充當國家的工具與傳聲筒，結果使文學藝術發生嚴重的公式化、圖解化，文學藝術成了政治意識形態的形象轉達和形象注腳，作家成了國家的奴隸和人質。

（三）放逐「概念」

除了放逐「革命」、放逐「國家」之外，我意識到，還必須放逐「概念」。儘管「革命」、「國家」也是概念，但它們之外還有一套束縛思想的概念體系。在我生活的年代，這一體系既包括政治概念、文化概念，也包括文學藝術概念。

每一個概念，都是一種陷阱，一種鎖鏈。政治概念，如「階級鬥爭」、「基本路線」、「全面專政」、「繼續革命」等等，哪一個不是陷阱與鎖鏈？！文化概念則是各種「主義」、各種意識形態，例如「修正主義」、「資本主義」、「唯生產力論」，「封、資、修、名、洋、古」等等，從一九四九年到一九七八年整整三十年中，意識形態取代文化，主義壓倒一切。這個時代，只有政治，沒有文化；只有政府，沒有社會；只有鬥爭，沒有妥協。這個時期的文學，也是充斥從蘇聯那裏照搬過來的教條和概念，什麼「反映論」，什麼「典型論」，什麼「社會主義現實主義」，什麼「革命現實論與革命浪漫主義的結合」，發展到文化大革命，則只剩下「高大全」、「塑造高大完美的英雄形象」等高調概念。

在俄羅斯土地上，我特別想到茅盾的《夜讀偶記》。一個非常優秀的中國現代作家，怎麼會寫出一本如此荒謬、如此蠻橫的文學理論書籍呢？政治性概念對中國文學的傷害有多深，從這本小冊子就可以讀出來了。茅盾在此書中竟然把「批判現實主義」（巴爾扎克、托爾斯泰所代表的現實主義）視為現實主義的低級階段，而把所謂「社會主義現實主義」視為現實主義的高級階段。而所謂「社會主義現實主義」，就是那種教條化即意識形態化的現實主義。現實主義套上意識形態條框，怎能還有現實的真實？！

茅盾自身的小說創作，《子夜》之前的《蝕》與《虹》等，沒有「社會主義」的條框，倒是比較真實，而《子夜》與之後的作品，標榜社會主義，反而削弱了真實。茅盾是五四後一代左翼作家的代表人物，走上「社會主義現實主義」之後便陷入了絕境。茅盾不但不能吸取教訓，反而把自己的失敗當作成功，把巨大教訓當作勝利，並加以理論化，不僅在理念上是荒謬的，而且完全背離世界文學歷史的基本事實，把巴爾扎克、托爾斯泰、狄更斯、契訶夫等文學高峰、世所公認的經典，視為低級文學，這怎能說得過去呢？閱讀一下《夜讀偶記》，便知道中國作家中毒有多深！我放逐「概念」，當然包括放逐《夜讀偶記》，所以我在《放逐諸神》一書中和李歐梵先生一起批評了茅盾。

（四）放逐「自我」

我要放逐的「自我」，是指「膨脹」的「自我」，尼采式的「自我」。八十年代裏，我寫《論文學的主體性》，強調的是作家必須具有一個他人不可重複、不可替代的「自我」，這「自我」即「個性」。那個時期的語境，是作家的「自我」完全被消滅了，個性完全喪失了。我的論點天然地帶有現實針對性，所以我強調的是自我飛揚，是主體超越。可是，我的論說尚未完成就被批判了，根本沒有機會闡釋《論文學的主體性》的下半節，即「主體間性」，也可稱作「互為主體性」。你需要主體性，他人也需要主體性。主體間性強調的是自我抑制和自我認知，是完成了超越之後對「自我」的冷靜觀照與清醒認知。出國五年之後，我強烈地感覺到，「自我」的問題也很大，主體本身也往往是一片黑暗，「自我」的偶像是最後的必須打破的偶像。出國之後，我真實地反觀自己，覺得自己完全沒有「啟蒙者」的資格。一個自身充滿人性惡的生命，憑什麼去啟蒙他人呢？自己的內心佈滿主體的黑暗，憑什麼去啟迪他人尋找光明呢？荒唐！許多問題就出在自己身上。所謂時代症，其實病症首先體現在自己身上。從那時候起，我開始覺得：天生一雙眼睛，一隻應當用來「觀天下」，另一隻應當用來「觀自我」，觀自在。缺少冷觀「自我」的眼睛，便是半個瞎子，瞎子是沒有資格啟蒙他人與引導他人的，倘若缺少這種自知之明，他就沒有資格書寫他人，教育別人！當我意識到必須「放逐膨脹的自我」時，才感到自己出國後確有長進了。行健兄對我說，薩特創立「他人是自我之地獄」的命題，沒有錯，但他未發現「自我也是自我的地獄」，這是極大的缺憾！正視「自我」（主體）的黑暗，寫作才能冷靜。我出國之後，從第一人生走向第二人生，便是從熱走向冷的人生，便是重新發現「自我」，正視自我地獄的人生。《放逐諸神》一書，乃是我思想飛躍的標誌性書籍。一九九四年，我自覺地意識到必須放逐「革命」、「國家」、「概念」、「自我」諸神，乃是我第二人生思想里程碑，我的思想至此也趨於成熟。至少，我掙脫了一次從故土帶來的思想牢籠，完成了一次巨大的告別。從俄羅斯返回美國之後，我除了整理好《告別革命》書稿出版之外，而且清理了自己思想上的許多負擔而獲得更大的自由。

在海外的第二人生中，我更是從「自我」中抽身，反觀「自我」，把「主體」變成「客體」加以觀照。

一九八九年我離開中國的時候，「文學主體性」所引發的全國性爭論尚未完全結束，《文藝報》和《人民日報》尚有批評我的文章。過了兩三年，高行健的劇本《逃亡》在《今天》雜誌上刊登了。這部戲劇的主題對我刺激很大，我讀完打電話到巴黎，和行健暢談自己的心得。行健告訴我，這部戲肯定會遭到各方的誤解與批判。可它不是政治戲，而是哲學戲。他還重複此戲的主題：我們要從政治陰影中走出來可不是簡單的事。薩特說：他人是自我的地獄。這個命題已被社會所熟知了，但「自我也是自我的地獄」，這一命題卻尚未被人們所認識。當時我聽了就很激動，對他說：此劇的主題也觸動了我的痛處。八十年代我發表《論文學的主體性》，張揚自我，這當然有其時代的理由。最近數十年把「個人主義」批判得很臭、很壞，個性被完全消滅，「自我」被完全埋葬，在此語境下講講個體性、主體性當然是必要的。然而，在鼓動「自我飛揚」之後，我卻沒有條件講述「自我抑制」的一面。本來想在寫第二篇（《論文學的主體間性》）時，強調一下「主體的黑暗」，但思想的高度依然未能抵達《逃亡》，也就是不敢說出「自我也是自我的地獄」。我還說：「今天行健兄先道破了，我對主體的黑暗這一面可得下功夫闡釋一下了。」那一天，他說了許多話，讓我留下深刻印象的是關於《靈山》，他說他在《靈山》中把「自我」分解為「你」、「我」、「他」三主體，那個「他」是第三隻眼睛，也是自我中的清醒眼睛，他審視「自我」，反觀「自我」。有這個「他」，才有「冷靜」。我聽了後，真是拍案叫絕！而且立即聯想到，我應該把「自我」這個「主體」變成「客體」了。在《論文學的主體性》中，我只是把主體分解為現實主體與藝術主體。但即便成為藝術主體，作家也可能不夠冷靜，也可能缺少對世界、對人生及對文學藝術的清醒認知。也就是說，《論文學的主體性》只是呼喚出「個性」，並未對個性本身進行觀照。現在明白了——思想進入新的深度了，還要對個體本身進行觀照，像觀照客觀世界一樣。那一天，我寫了兩篇散文，一篇是《最後的偶像》，說的是「自我」的偶像乃是最後的偶像，也是最難打破的偶像。我要自覺地打碎「自我」的偶像。此篇散文如下：

最後的偶像

人生似乎是一個不斷逃亡的過程，有時是肉體的逃亡，有時是精神的逃亡。或逃避死，或逃避地獄，或逃避黑暗，甚至有時還得逃避表揚和獎賞，例如被劊子手表揚和獎賞，獎品自然帶有血腥味，這不逃避恐怕不行。難怪契訶夫說，與其被混蛋表揚，還不如戰死在沙場。

這樣說來，對於知識者來說，不斷地發生精神逃亡，其實是常態，直到死，可能還得逃避。我也是一個匆匆惶惶的逃亡者。這也許是生性脆弱所致，奇怪，對於地獄的黑暗我總有一種特別的敏感，害怕在地獄中與黑暗動物為伍，不喜歡聽地獄中鬼的空話與廢話，任何言語都缺少人的生氣。

不過，最近我有一個幾乎要讓朋友們沮喪的發現，這就是我發現自己也是自己的地獄。由於這個發現，我此時正在逃避自我。我發現，以往的自我其實也是一個大荒謬。降生於世界，在嬰兒時代自然是在母親身上爬動，以後自然是在床上或地上匍匐，但是我的人生卻爬行和匍匐得太久，靈魂總是直不起腰桿。直到近幾年，才開始像猴子似地學着直立，這自然是靈魂的直立。然而，直立之後，又是渾身的「氣」，革命氣，戰士氣，三國氣，水滸氣，牛氣，什麼氣都有。不過，現在「氣」的名目好多了，或稱激情，或稱豪情，美妙得很。滿身「氣」固然是受故土的那一股凜然之氣和戰鬥之氣所感染，但自己也有責任。「氣」一多，就缺少理性、智慧，也缺乏冷靜和從容。到了國外之後，自己覺得「氣」少了一些，但還是太沉重，老是像蝸牛似地負載着全中國的苦惱，於是，又像蝸牛似地爬行，這等於回到兒時在母親身上的原始狀況，除了尋找母親的乳房，什麼也不懂，不能把眼光放遠，也不能把心靈放鬆。吃了一番苦以後，才明白這蝸牛殼正是自我的地獄，這是最後的地獄，也是最難逃出的地獄。

人類自從走出動物界之後，路途也很艱辛，總有一種巨大的陰影籠罩着和一種無形的地獄伴隨着。人類希望逃離陰影和地獄，於是，就研究種種無形的地獄和怪物。人類之子出現過許多天才的作家、思想家和哲學家，他們在古希臘，就發現這種大陰影就是命運，人總是逃不出命運的籠罩。命運正是無所不在的地獄，哪怕是身為帝王，也逃脱不了命運之獄的掌握，這就是《俄狄浦斯王》的故事。到了本世紀，又有薩特，發現這個陰影和地獄就在你身邊，就是「他人」——與你生活在同一星球的同類，我們總是逃不出這一地獄。「他人是自我的地獄」，這一命題，讓中國的青年人確實震動了好一陣，所以七、八十年代的中國，出現一股逃離他人控制的潮流，發生了一次精神大逃亡：逃避偶像，逃避權威，逃避主義，逃避大一統，逃避教條的病毒。我自然也是其中的一個逃亡分子，所以努力地肯定自我，肯定主體性。現在看來，這種逃亡確實是需要的，否則，我們還會呼吸在他人的口號與指示之中，沒有別人的指示，簡直不知道怎麼活，沒有請示匯報，也不知道怎麼活。

可現在，我發現又有一個陰影和地獄，這就是我自己。而且覺得最難逃出的地獄就是自我的地獄。很奇怪，人從小就喜歡照鏡子欣賞自己。鏡子裏的自我，便慢慢地成了自己的偶像。這個偶像正是最後的偶像。這個偶像現在有了著作，有了桂冠和名聲，還有被論敵稱為「體系」的理論建築。然而，這種建築恰恰是自己的高牆。有的朋友說，你應當打破自己的體系，讓自己的靈氣更自由地放射出來，但我總是捨不得，覺得那個「體系」正是自己的紀念碑，而沒想到，紀念碑是一堵牆，一堵精緻的凝固的屏障。這堵牆使我滿足，把我緊緊地封閉起來。這高牆，正是自我的地獄之牆。人類比獅子老虎聰明，會建築鐵柵欄把牠們困死，但有時也很愚蠢，常常給自己築起了鐵欄柵而不自知，當人透過欄柵鑑賞自己的時候，自己也覺得自己乃是偶像。

然而，朋友的話還是起了作用，我還是意識到牆和屏障，於是，我決定超越最後的牆壁，告別最後的偶像。這麼一想，我突然有所領悟，「氣」又消了不少，心緒又從容冷靜得多，並覺得多年來對他者地獄的反思之後應當對自我的地獄進行反思，這也就是「思我思」，即把自己作為靜觀對象，對自己的建築進行批評，把自己的偶像打破，然後撿起有用的碎片，又找新的路。因此，也就有《魯迅研究的自我批判》的產生。這也許是我走出自我之獄的第一步。

我寫這篇散文，完全是為了記錄自己到海外的一次思想飛躍。這之後，我確實把「反觀自我」即「反觀主體」視為自己思想的新里程。在與朋友的交往中，我常開玩笑似地問：「知道我到海外後最大的思想進步是什麼嗎？」他們表示難以回答，我就得意地說：「最大的進步便是我已從『自我』中抽身，抽身而反觀自己。」

（五）放逐「二極思維」

上下、高低、正反、陰陽、苦樂、善惡、是非等等，都是基本的二分，這是人類日常生活所需要的二分，這種分，永遠是需要的。

然而，以往我接受的「一分為二」，只講「分」，不講「合」；只講「異」，不講「同」；只講「割」，不講「連」；只講「別」，不講「聚」；只講「你死我活」，不講「你活我也活」。在政治上，首先分清敵我；在道德上，首先分清善惡，即大仁與大惡；在是非上，則分清黑與白。這種劃分，後來在我的思想上形成一種簡單化的一個消滅另一個的套式。我寫《人物性格二重組合原理》，大體上也是描述人的內心所常有的善惡衝突。到了海外之後，我學禪，首先遇到的是它的不二法門。這個不二法門，使他們（佛教徒）沒有分別心，沒有「消滅心」；也沒有尊卑之別，內外之別，貴賤之別。能平等地對待每一顆心靈，這才有慈悲。慈悲並非來自二極思維，而是來自不二思維。禪，慧能，給我的最大啟迪，就是這個「不二」。於是，我接受了「不二法門」，並把「不二法門」加以泛化（普遍化）。在閱讀《紅樓夢》時，我因為從「一分為二」走向「不二法門」，所以對小說中的各種心靈便能看明白了。賈寶玉的心靈之所以可愛，就因為他看人全用不二眼光。他沒有貴族與平民之分，沒有上等人與下等人之分。晴雯，在他的母親王夫人眼裏是一個「丫鬟」、「奴婢」，也就是「下人」，但賈寶玉沒有這種二極思維所產生的概念，他眼裏的晴雯就是晴雯，是一個聰明美麗的生命。她身處下賤，但心比天高。賈寶玉在晴雯去世之後，所寫的祭文《芙蓉女兒誄》，就把晴雯這麼一個女奴當作天使來歌頌，稱讚她「其為質則金玉不足喻其貴，其為性則冰雪不足喻其潔，其為神則星日不足喻其精，其為貌則花月不足喻其色」。其境界之高，前無古人，甚至屈原的《離騷》也無法與它相比。賈寶玉之所以人人愛，正是因為他尊重人人，不以分別心看人。妙玉極端聰明、極端美麗，但就其心地而言，她守持的是分別之心，天然地對人進行高下之分與尊卑之分，賈母造訪時她刻意奉迎，而劉姥姥喝過的杯子她則嫌髒而扔掉。她的分別之心變成勢利之心。難怪曹雪芹給她的評語是「云空未必空」。

從禪的「不二法門」，我又走向《道德經》所揭示的「三」與「萬」，即「一生二，二生三，三生萬物」。這是說，無限豐富的萬物萬有，皆由「三」產生。我把「三」視為兩極對立中的第三地帶，並認識到這個地帶無限廣闊，其空間之大，難以形容。所以我在海外選擇「第三空間」作為立足之所。在政治上，不立於左右兩個極端之上，而是立足於兩極中的中間領域；在道德上，不崇尚大仁與大惡，因為完全的「仁」與完全的「惡」皆不真實，而在大仁大惡之間的許多人，「第三種人」，反而更真實。如《紅樓夢》在開篇中借賈雨村之口而說明的那些人：

……雨村道：「天地生人，除大仁大惡兩種，餘者皆無大異。若大仁者，則應運而生，大惡者，則應劫而生；運生世治，劫生世危。堯、舜、禹、湯、文、武、周、召、孔、孟、董、韓、周、程、張、朱，皆應運而生者。蚩尤、共工、桀、紂、始皇、王莽、曹操、桓溫、安祿山、秦檜等，皆應劫而生者。大仁者，修治天下；大惡者，撓亂天下。清明靈秀，天地之正氣，仁者之所秉也；殘忍乖僻，天地之邪氣，惡者之所秉也。今當運隆祚永之朝，太平無為之世，清明靈秀之氣所秉者，上至朝廷，下及草野，比比皆是。所餘之秀氣，漫無所歸，遂為甘露，為和風，洽然溉及四海。彼殘忍乖僻之邪氣，不能蕩溢於光天化日之中，遂凝結充塞於深溝大壑之內，偶因風蕩，或被雲催，略有搖動感發之意，一絲半縷誤而洩出者，偶值靈秀之氣適過，正不容邪，邪復妒正，兩不相下，亦如風水雷電，地中既遇，既不能消，又不能讓，必至搏擊掀發後始盡。故其氣亦必賦人，發洩一盡始散。使男女偶秉此氣而生者，在上則不能成仁人君子，下亦不能為大凶大惡。置之於萬萬人中，其聰俊靈秀之氣，則在萬萬人之上，其乖僻邪謬不近人情之態，又在萬萬人之下。若生於公侯富貴之家，則為情癡情種；若生於詩書清貧之族，則為逸士高人；縱再偶生於薄祚寒門，斷不能為走卒健僕，甘遭庸人驅制駕馭，必為奇優名倡。如前代之許由、陶潛、阮籍、嵇康、劉伶、王謝二族、顧虎頭、陳後主、唐明皇、宋徽宗、劉庭芝、溫飛卿、米南宮、石曼卿、柳耆卿、秦少游，近日之倪雲林、唐伯虎、祝枝山，再如李龜年、黃幡綽、敬新磨、卓文君、紅拂、薛濤、崔鶯、朝雲之流，此皆易地則同之人也。」

走出二極思維模式之後，我仔細想想，覺得只應當守持分別相的科學。不加分門別類，便沒有科學。所謂邏輯，也是分門別類。但宗教與文學，面對的是整體人性，如果也分高低貴賤，就不可能愛一切人，理解一切人。一旦分別敵我、內外、尊卑，就勢必丟掉「平等」，丟掉「慈悲」。

第七章

第二人生的若干思想徘徊

一九九二年，劉再復與她的兩個女兒（右長女：劉劍梅，中次女：劉蓮）
於美國科羅拉多州山中小河邊合影。

（一）在「唯物」與「唯心」之間

在大學讀書期間，我修了哲學課。那時的哲學課講述的是這樣一個基本問題：在存在與意識的關係中，存在為第一性，意識為第二性，我們遵循的是存在決定意識的唯物主義命題。也就是說，我接受的完全是唯物論的教育。然而，我今天要說，唯物論的教育在我身上失敗了。最近三十年，我一直在說，不是「存在」決定我的一切，而是心靈狀態決定我的一切。既然認定心靈狀態決定一切，那當然是唯心論了。在海外環境中，生活十分艱難，但一個又一個的困難終於被我戰勝。今天想起來，我之所以能戰勝這些困難，靠的不是任何「外物」，而是「內心」，即最重要的還是靠我的心靈力量。也就是說，靠的是作為一個「心理的強者」活了下來。

然而，我並不是一個簡單化的思想者，並不簡單地搬用「正、反、合」的哲學套式，也就是說，我現在已不再簡單地把「唯物論」當作「正題」，把「唯心論」當作「反題」；反過來也不把「唯心論」當作「正題」，把「唯物論」當作「反題」。重要的是在具體場合中作具體分析。唯物論有時是對的，例如恩格斯在馬克思墓前說的那一番話，他指出馬克思歷史唯物主義的貢獻是指出人首先必須衣食住行然後才有文化、思想、意識形態等，這個唯物論命題，顯然是真理。多年來，我認同李澤厚先生的「吃飯哲學」，這種哲學便是歷史唯物論的通俗表述。然而，並不能因此就說，什麼都是由物質所決定。我國偉大思想家莊子早在兩千多年前就告訴我們，心不可為物所役。這個「物」，不只是物體、物件、物質，而是包含我們身外的一切存在。我們的心靈不能被外部存在所決定。「心」完全可以超然於物外，甚至可以駕馭「物」，改變「物」。此時，心是第一性，而非第二性。後來我讀王陽明的心學，他把「心」推向極端，認定「心外無物」，「心外無天」，雖然我不完全認同，但也不可否認，在某種外在條件下，人的意志力確實可以戰勝強大的物質力量。例如，解放戰爭中，毛澤東就是靠「精神」戰勝了蔣介石的八百萬軍隊。那個時候，共產黨只有「小米加步槍」，而國民黨則有「飛機加大炮」，然而，最終勝利的卻是共產黨。勝利靠什麼？一個重要的因素就是「意志」，鋼鐵般的意志。這「意志」乃是「心」，而非「物」。難怪毛澤東和蔣介石都喜歡王陽明，但真正把王陽明的心學化作強大力量的還是毛澤東。蔣介石到台灣後把「草山」改名為「陽明山」，但太晚了，他不知道自己正是被王陽明的「唯心論」、「唯意志論」打敗的。毛澤東靠「唯意志論」，也就是「唯心論」，打敗了蔣介石，建立了新中國，可是新中國成立之後，他還講「唯意志論」，這就錯了。一九四九年後他和林彪等整天強調「思想領先」、「政治掛帥」、「政治第一」等蔑視物質生活的偽命題，完全拋棄馬克思的歷史唯物主義，弄得民不聊生，從哲學上說，這正是吃了「唯意志論」即「唯心論」的虧。所以我說，唯物論和唯心論可以互補互用，不是一個絕對好（絕對正確），一個絕對壞（絕對錯誤）。我進入第二人生之後，從唯物論走向唯心論，那是因為我必須調動心靈力量戰勝環境壓力；後來我又鼓吹「吃飯哲學」，那是因為我覺得「吃飯哲學」比「鬥爭哲學」好，支持中國的改革開放路線。現在改革開放已進行了三十多年，物質主義氾濫，國家和世界的天平向物質傾斜，我又呼喚「人的精神」，「人的自由意志」，對禪宗又作了一番闡釋，此時此刻，我似乎更像唯心論者。不管人們怎麼看，我自己心知肚明，明白自己時而從唯物走向唯心，時而又從唯心走向唯物，但思想深處是認定二者可以共存互補，不必一個吃掉一個。換句話說，唯物論與唯心論也可以遵循不二法門。

（二）在「頓悟」與「漸悟」之間

除了在唯物論與唯心論之間搖擺之外，我還常常在禪宗的南派（主頓悟）與北派（主漸悟）之間搖擺。

我開始是鐵桿的頓宗，認定頓悟才是唯一正確的方法。後來又明白，頓悟並非「憑空而悟」，而是「閱歷而悟」，「苦讀而悟」。自己雖然常有靈感奔湧，雖在頃刻間常有奇思異想，但仔細追索，則發現這些感悟並非空穴來風，而是長期積累的結果。積累之道則是讀書和經歷，二者缺一不可。

後來我又明白，頓悟是思想的質變，而漸悟則是思想的量變。沒有量變就不會有質變，沒有修煉就不可能飛躍。這麼想之後，雖然還守持頓宗的基本立場，但對漸宗已不反感，覺得兩宗都有其道理，不可一個吃掉另一個。

二〇〇六年我第二次到日本東京都，並與高台寺的住持對話，我表明自己屬於頓宗之後，他則表示自己屬於漸宗。但那天我們談得非常融洽，最後都覺得二者可以共存互補，並非「你死我活」，而是「你活我也活」——你存在我也存在。二〇〇八年我回家鄉福建，又見了武夷山的禪宗大師許嵩，也進行了一場友好的對話。他屬於北宗，但在解釋慧能現象時說，慧能年少時就能頓悟，是他前世修煉的結果。此論點我雖不認同，但承認，慧能可能也並非一個字都不識，只是他幼年的學習與經歷，我們還一知半解。也許因為自己一直在南北宗之間徘徊，因此二〇〇〇年至二〇〇一年，我在香港城市大學講述《六祖壇經》時，並不一味替南宗說話，而是採取中道立場，既肯定慧能，也肯定神秀，覺得二宗的思想並非勢不兩立。

（三）在「有神」與「無神」之間

我的小女兒劉蓮從小信仰基督教，因此我們不免常常爭論上帝是否真的存在。有一回，她替我抄稿子，抄到「上帝乃是人的一種形而上的假設」，她很生氣，提着稿子對我說：「爸，上帝是真實的存在，您卻說是假設，不給您抄了。」我說上帝是「形而上的假設」，是對孔子「祭神如神在」的發揮。在孔夫子看來，人們祭神，便是假設有神的存在，並非真的有神的實體。

我的好友李澤厚先生（亦師亦友）是個偉大的理性主義者，他則完全否定上帝的存在。他說：「XXX 鼓吹神聖價值，宣揚上帝為絕對存在。他當然有騙人的自由，但我也有不受騙的自由。」

而我則在女兒與好友之間搖擺，雖講人的主體性，但不排斥神的主體性，對上帝也很尊重。我常常以愛因斯坦為榜樣，他是人類最偉大的科學家之一，也是偉大的理性主義者，他最後雖然沒有皈依上帝，但一生宗教情結很重，年輕時喜歡《舊約》，年長時相信泛神論。對於愛因斯坦而言，重要的問題不是上帝是否存在，而是人需要不需要有所敬畏。我國以往數十年鼓吹「徹底的唯物主義」，絕對排斥神與上帝，做什麼壞事都無所畏懼，結果造成遍地流氓，漫天說謊。鑑於此，我便把上帝的存在視為一種悖論，即說上帝存在與上帝不存在都對。

有人說，上帝不存在。對！因為你無法用邏輯和經驗證明上帝的存在。有人說，上帝存在。也對！因為你如果把上帝視為一種情感，一種心靈（不是視為實體），祂就存在，上帝明明在你心靈的深處與情感的深處。

正因為這樣想，所以我尊重上帝，但又不受洗禮，不加入教會。一九九二年春，丹佛幾位虔誠的佈道者來到我家中，勸我受洗入教。我坦率地說：「我喜歡孤獨的上帝，但不喜歡有組織的上帝。我害怕十字軍東征和太平天國革命。」我尊重上帝，是因為我需要敬畏；我不入教會，是因為我更愛個人的自由。迄今為止，我仍然是一個宗教的局外人，但又是一個上帝的知音人。我做人，但又相信天地間確有一雙比人更高級的眼睛，注視着我。因此，不管走到哪個天涯海角，我都會雙手捧着自己的良心生活，絕不胡作非為。

第八章

「自己如何可能」的思想叩問

一九九五年，劉再復在倫敦遊覽。

到了海外，我自設了一個「象牙之塔」，即處於「自我封閉」的生活狀態。不僅離中國很遠，離美國也很遠。社會關係簡單到幾乎等於零。我常對友人們說：我現在，與野兔、松鼠、青草、樹林、太陽、月亮的關係大於人際的關係了。馬克思所說的人是社會關係的總和，對我來說，似不合適，因為我與自然關係的總和已大於社會關係的總和。我說的話，不是玩笑，而是實際。

在此關係中，我一直處於「沉浸」狀態中，也可以說處於「面壁」狀態中。這是深邃的精神生活狀態，選擇「逃亡」與「隱居」，正是為了獲得這種生活狀態。我在幾十年前，閱讀魯迅翻譯的日本文學思想家廚川白村的《走出象牙之塔》，完全理解三十年代魯迅呼籲作家應當走上街頭去關懷社會，擁抱社會，因為當時處於國家危亡關頭。而現在不同了。現在是市場覆蓋一切，無孔不入，金錢攪亂了人們的神經，社會鬧哄哄，此時此刻，思想者最好還是「躲進小樓成一統」，在自造的「象牙之塔」中安靜思索和進行精神價值創造。我因為這樣做，在象牙之塔中安靜地閱讀、思索、寫作，所以收獲許多心得。這種心得有一部分表述於文字，有一部分尚未表述，今天寫作自身的思想史，不妨把它記錄下來，讓後來人去發揮。我把這些思索稱作「高峰期的思想」，大約有八項叩問與闡釋。現展示於下：

（一）自己是否可能？康德一生思索的總命題為「認識如何可能」，李澤厚先生把這一總命題改變為「人類如何可能」。他既反對《聖經》「上帝造人」的答案，也反對達爾文的「猴子變人」（自然演化）的答案，自創人類使人類成為可能的學說，即人類通過自身的歷史實踐，使自然人性化、理性化，使原始人（野蠻人）變成文明人。我則步其後塵，提出「自己如何可能」的命題。存在論的核心思想是人的存在如何實現自己，提出的也正是自己成為自己的可能性問題。但存在論把個人推向極端，把個體存在原子化。完全不講關係，這也有片面性。個人不可能通過純粹自我實現其可能性。人要成為自己，既要自我實現，又要借助社會關係。說人是個體存在物，對；說人是關係存在物，也對。

自己如何可能？我「請教」過佛家，即閱讀佛經佛典。佛告訴我，苦海無邊，回頭是岸；佛又告訴我，四大皆空，空者歸空，無者歸無。可是，悟到四大皆空後又不能自殺，歸空歸無後還得活；知道苦海無邊，猛然回頭，可是回頭後還得活！怎麼辦？真正的人生困境與哲學難點是：看透了，怎麼辦？看透了並非無我，看透了還得提出「如何成為自己」，這才是真問題。也就是說，看透了之後，還需要擁有一種對於人生的態度。或是「儒」的態度，或是「道」的態度，或是五四的態度，或是笛卡爾的態度，或是維特根斯坦的態度。總得找到一個立身立心之點。

（二）西方大哲學家笛卡爾告訴我們：「我思故我在。」你思考就能夠成為你自己嗎？並不這麼簡單。二十世紀的大哲學家維特根斯坦推出了相反的命題，即：「我思故我不在。」這個命題包括兩層意思：一層是人一旦進入思索，物質性自我就不在了。第二層意思是，人一旦進入思索，頭腦的自己佔了上風，心靈的自我就不在了。因為「思考」必須使用概念，一旦使用他人提供的範疇概念，人就變成概念人、範疇人，而不是本真人，即不是原自我。維特根斯坦把哲學的使命界定為「糾正語言」，「糾正概念」，就是告訴人們，我們一旦使用語言，實際上就進入語言的牢房，就沒有自己了。二十世紀的哲學最後走向語言學，許多哲學家把語言視為本體、最後的家園，首倡者正是維特根斯坦。但把語言視為「本體」也不能讓人成為自己。因為人必然要交流，既然要交流，就不能丟棄概念範疇等。

按照笛卡爾、維特根斯坦去塑造自己，無法成為自己。那麼，按照孔子、孟子與莊子的指示去做，就能成為自己嗎？孔孟創造出一套道德體系，讓我們知道如何做人。尤其是孟子，更是讓我們知道，做人一定要有「浩然之氣」，即自由意志，「富貴不能淫，貧賤不能移，威武不能屈」。這種自由意志，既超功利，又超因果，確實使人更像人。但孔孟沒有提供「個性解放」和「戀愛自由」、「兩性平等」等思想，所以五四先賢要「打倒孔家店」。有人說，五四那一套「自由」理念，我國的莊子早已有之，這話不對。莊子的「逍遙」、「無待」，講的是內在的精神自由，並非「個性解放」、「戀愛婚姻自由」等物質性自由。

（三）自己如何可能？並非一味膨脹自己，抬高自己。（在尼采那裏，自己成為自己，便是自己成為「超人」。）「個人」在叔本華那裏是個消極概念，個人因慾望成為歷史的人質和魔鬼的玩偶，所以出路在於佛家似的「滅人慾」，而尼采則把「個人」誇張了。個人在尼采那裏簡直可以替代上帝。鑑於尼采的瘋狂，我們不妨把眼睛分為兩半（眼睛本就是雙眼），一隻眼睛看世界，另一隻眼睛看「自我」。用《心經》語言表述，即一隻眼睛「觀外在」，另一隻眼睛「觀自在」。主體性固然可以飛揚，但也需要抑制。既看到「主體的輝煌」，又要看到「主體的黑暗」，然後抵達「主體的澄明」。

（四）「成為自己」確實離不開自由。沒有自由，何來自己？但自由之源在哪裏？在上帝那裏嗎？不。在政府那裏嗎？不。在親人友人那裏嗎？不。自由就在自己的身上與腳下，從根本上說，就在自己的心中。我在高行健《一個人的聖經》裏發現，他的「自由原理」乃是自由在於個人的覺悟。覺悟到自由，才有自由；意識到自由，才有自由。作家、詩人、思想者，誰都嚮往自由，也佩服那些敢於為自由事業而犧牲的志士，然而，作家詩人們不能等待爭到自由之後才寫作，不能等待外部自由條件成熟了之後才寫作。詩人們已等待很久了，等待了一個朝代接一個朝代，然而，等到的是一個暴君接一個暴君。不能等了，天才都是個案，要學曹雪芹，即使在文字獄最猖獗的年代，也要寫出天下最高水平的文學極品。總之，自由不是外部的賜予，而是作家詩人自身的給予。

（五）自由在純粹的精神價值創造中。人唯有在純粹的精神領域中才能贏得自由。純粹的精神領域，其特點是超功利，超因果。一是超功利，不計較功利才有自由；二是超因果，不計較結果如何才有自由。人的意志之所以可稱為「自由意志」，就因為它不受制於功利律與因果律。我要為祖國犧牲，要「留取丹心照汗青」，都是不考慮因果得失。這種自由意志的力量沒有任何權力、暴力、外力可摧毀。卡夫卡的創作，李卓吾的創作，就擁有這種力量。他們想通了，只管自由說話，自由書寫，寫了之後要麼燒掉（《焚書》），要麼藏之深山（《藏書》），有了這種決心，帝王將相又奈我何？道德之所以具有崇高性（康德的名言：「位我上者，燦爛星空；道德律令，在我心中。」），文學經典之所以具有偉大性，全因為它們都是征服功利律與因果律的純粹精神創造。總之，現象界裏沒有自由，唯在純粹精神世界中才有自由。

（六）文學的優點就在於它最自由，最長久。不管思想處於何種狀態，我總是處於文學之中。最近幾年，我到香港科技大學人文學部講了三年課，講了「文學常識二十二講」、「文學慧悟十八點」。從思想的角度說，我的講述為張揚文學的基點只有兩項：一是人性的真實；二是人類生存環境的真實。這是文學的出發點，也是文學的立足點。人性太豐富，太複雜，它具有無限的可能性。文學最怕的是把作家人性看死、看簡單了。文學要贏得自由，就得超越意識形態。

（七）告別現代性、後現代主義教條。上世紀八十年代，我告別的是「蘇式教條」，那是變質的「階級論」、「典型論」、「反映論」等三座大山（我戲稱為「三大風車」）。到了世紀末與新世紀之交，我則告別「西式教條」，這便是西方時髦的現代性、後現代主義概念。這種西式教條目前還在西方與中國的課堂裏流行，屬於主流話語。我在西方，耳邊充斥的全是「現代性」的聲音。因為發現現代性成了萬金油似的理念，所以就懷疑，並用自己獨立的思想去面對，結果，我發現這也是教條，並非真理。「現代性」是個時間概念。它是西方直線時間觀和進化論相結合的產物。時間既然是直線奔走，而世界又是不斷進步，那麼，現代當然就勝於古代。可是，這只能說明物質現象，特別是科學技術現象。科學技術確實在不斷進步，過去我們坐的是牛車、馬車，現在坐的是汽車、火車、飛機，這不是進步是什麼？一百年前或更早的幾百年前，人的壽命很短，「人生七十古來稀」，活到七十就算長壽了，而今人的壽命普遍延長，何止活到七十歲？八十，九十，多得很。為什麼會產生如此大的變化？因為醫學知識與醫學技術進步了。從這層面上說，現代性確實比古典性更有價值。然而，文學藝術這些純粹精神的價值，卻沒有時間之分，即不會隨着時間的往前推移而顯得「進步」。例如，我們不能說當代作家比莎士比亞、曹雪芹進步，或者說具有現代色彩的作品就超越《哈姆雷特》、《奧賽羅》、《紅樓夢》。荷馬、但丁、莎士比亞、托爾斯泰以及屈原、陶淵明、李白、杜甫、蘇東坡、曹雪芹並不具有「現代性」，但他們確實是文學的制高點。也就是說，「現代性」的標籤不宜貼在超時代、超歷史的文學經典之上，時空對於經典沒有意義，用現代性與古典性區分評價文學藝術沒有意義。

後現代主義也是教條。後現代主義的致命傷是只有解構，沒有建構。找不到後現代主義的經典作品，解構思潮乃是革命思潮的一部分。後現代主義者解構啟蒙現代性，解構西方形而上體系，這是質疑。可是質疑之後卻看不到他們的建構，因此，後現代主義便成了徒有口號的空頭理論。我和李澤厚先生在一九九五年就提出「返回古典」的命題，意思是說，文化走向不一定要從現代走向後現代，也可以通過「返回古典」的策略進行新的創造。一九九八年我主持「金庸小說研討會」時說：金庸的語言具有古典韻味，不能用現代性來闡釋。二〇〇五年我到台灣的中央大學、東海大學擔任客座教授，更是公開批評現代性和後現代主義理念，並提出一個「公正」的看法：現代性與後現代主義也許可以用在描述審美趣味的變遷，例如說現代人有現代性質的審美趣味，這是可以的；但把現代性作為普遍的批評標準（審美判斷標尺）則是「教條」。

（八）關於「中道」、「中立」、「中和」的思想

到了海外，從「擁抱」社會轉為「冷觀」社會，一切歸於冷靜，因此，特別認同「中道智慧」。在政治文化立場上選擇價值中立，鼓吹的是「中和」思想，即「和為貴」的思想。

在國內時，我長期接受「一分為二」的哲學。一分為二的實質是用「二」統一「正」與「反」。在這種哲學思維中，滿腦子都是「敵與我」、「人與鬼」、「左與右」、「正與邪」、「好與壞」、「成與敗」、「得與失」的劃分。出國後，我接受禪宗「不二法門」的大思路，其哲學正好與「一分為二」相反，它強調的是去分別相，打破貴賤之分、尊卑之分、內外之分，追求的是大慈大悲。這是兩種不同的哲學思路，必須作一選擇。結果我選擇了禪宗，打破了「隔」。佛教連人與動物之「隔」也打破（如捨身餵虎，不殺生等），我抵達不了佛境，但學賈寶玉那樣去打破「勢利眼」，打破尊與卑、貴與賤的嚴格分別，還是可以做到的。

第九章

走出二十世紀的思想框架

一九九一年，劉再復與妻子陳菲亞在美國洛杉磯荷里活電影城。

二〇一七年，我著筆寫作《我的心靈史》、《我的思想史》時，一心只想「走出二十世紀」。之前兩年高行健到香港時，我們一起在香港科技大學、香港大學對談文學，私下就約定，此次無論在什麼地方，打出什麼題目，主旨只有一個——「走出二十世紀」，走出二十世紀的老套式、老思路，走出二十世紀的種種「主義」，走出二十世紀的思維老框架。這就是最近幾年我的所思所想。

高行健早已聲明，他要走出二十世紀的三大主義與三大思潮，即「泛馬克思主義」思潮、「自由主義」思潮、「老人道主義」思潮。所謂泛馬克思主義，除了原教旨的馬克思主義之外，還包括現在流行於西方課堂的「新馬克思主義」和種種左翼思潮。這種主義的共同點是以「打倒舊世界」為基本口號。「舊世界打個落花流水」，這是國際歌所唱的，這句歌詞鼓舞了我的整個童年、少年和青年時代，之後，我更是接受「改造世界」的總口號，「打倒舊世界，建立新世界」成了我的人生無可懷疑的目標。然而，在「走出二十世紀」的思路下，我和行健兄開始懷疑：世界是否可以改造？我們的回答是，世界可以局部地作些改變，但難以從根本上加以改造。一想根本改造，就想革命，就在腦子裏燃燒起「打倒」、「推翻」、「顛覆」這些念頭，就想去當「改造世界」的工具與犧牲品。而現在，二十一世紀之初，我們清醒了，世界可以不斷認識，但不可能從根本上改造。那些改造世界的計劃與藍圖，其實都是烏托邦。在我生活的青年時代、中年時代，左右我們人生的唯有一種理念，那便是為了未來的「天堂」，我們現在要忍受一切，尤其是忍受專政，甚至是「全面專政」。

泛馬克思主義以「打倒舊世界」為理論基石，而自由主義呢？它則以個人主義為基石。尊重個人尊嚴、個人權利，本是天經地義的。但是自由主義給「個人」加上「主義」二字，變成個人是唯一的，個人可以我行我素，自由主義者就變成只知利己、不知利他的新蒙昧者。走出二十世紀，必須走出這種時髦的、現代的蒙昧。還有，西方文藝復興運動所張揚的人本主義、人道主義，突出「人」權，削弱神權，本是好事。但在二十世紀，「人權」又轉變成政治口號、政治招牌。正如「神」在開始階段並無神權，一旦神與「王」結合變為神權，它就形成了殘酷的宗教統治，二十世紀中，「人權」與「政權」結合，又變成一部分人統治、壓迫另一部分人的幌子。

我在《高行健論》與《再論高行健》兩書（台灣聯經出版公司）中，闡釋了高行健「走出三大主義（思潮）」之內涵。而我自己則只着眼於文學，覺得文學更應當走出各種主義，除了應當走出「泛馬克思主義」、「自由主義」、「老人道主義」之外，還應當走出「民族主義」、「民粹主義」、右翼「法西斯主義」和左翼「法西斯主義」。文學創作無需任何「主義」的前提與預設，一旦有了前提與預設，就無法貼近人性的真實。人性太複雜了。人性不僅複雜，而且生動、具體、千變萬化。還可以說，人性不僅極為豐富，而且極為脆弱。它既經不起打擊，也經不起誘惑；既經不起「威武」，也經不起「貧賤」；既經不起酷熱，也經不起嚴寒。人性遠不如獸性那麼堅韌。面對人性，用任何主義去規範、去剪裁，都會妨礙作家去貼近真實。

二十世紀，在我心目中，是一個熱衷意識形態的世紀，或者說，是一個迷信意識形態的世紀。我和李澤厚先生在《告別革命》的對談中，批評毛澤東的兩大錯誤：一是迷信戰爭經驗，二是迷信意識形態。迷信的結果導致民不聊生，經濟凋敝。走出二十世紀，最重要的是走出對於意識形態的迷信。二〇〇五年之後，我一直在想，人類的身體已走出二十世紀，那麼思想是否走出來了呢？我意識到，思想要走出二十世紀，比身體走出二十世紀難得多。不說別的，僅僅二十世紀的兩種理論基調，就弄得我們頭昏腦脹：一是「革命論」，二是「進化論」。對於這兩論，我這些年不斷質疑，不斷叩問。關於「革命論」，我與李澤厚先生已作了對話，並寫了《告別革命》。我們要告別的自然是暴力革命。其實，人間的事，手段比目的更為重要，如果手段不文明，而是太殘忍、太卑劣、太黑暗，那麼，目的標榜得再崇高，也是很可疑的。暴力革命的鼓吹者，主張為了達到偉大的目的，可以不惜一切手段。像宋代的水泊梁山豪傑們，為了「替天行道」，可以把四歲的小孩子砍成兩半。這種「革命」可取嗎？

還有「進化論」。達爾文的進化論認為，自然界的生存規則是弱肉強食。在自然界這是可取的。但把進化論移用於「社會」之中，則不那麼簡單。二十世紀的科學技術突飛猛進，但「人」也進步了嗎？二十世紀的「人」發動了兩次世界大戰，把千百萬無辜平民推入黑暗的深淵，讓人類經受了兩次集體死亡體驗，這也是進步嗎？不，這是倒退。人類發明的醫藥可以療治各種疾病，但療治不了人類的貪婪、嫉妒等惡劣本性。「人」在生長過程中，既生長了知識、智慧，但也生長了世故、欺瞞、嫉妒、報復等生命機能，正因為如此，我決定晚年的生命走向要往後走，即往童年時代走，認真作「反向努力」，作「復歸於嬰兒」、「復歸於樸」的努力。也可以這麼說，這不是「進化論的努力」，而是「退化論的努力」。

人類總是不能接受教訓，所以很難前行。二十世紀的兩次世界大戰，導致多少生靈塗炭，多少災難降臨，但人類還是重複着原來的思維方式與意識形態，還是在籌劃「革命」，還是在說「告別革命」是偽命題。就文學藝術而言，人類還在企圖把它納入現實政治的軌道，還在用政治話語取代文學話語。高行健說：「文學同當下的政治無關，文學不為政治服務，不為工農兵服務。」這是不同於毛澤東《在延安文藝座談會上的講話》的觀點。在諾貝爾文學獎獲獎講演中他又說：「我不想濫用這文學的講壇去奢談政治和歷史，僅僅藉這個機會發出一個作家純然個人的聲音。」

強調「個人的聲音」，並非「個人主義」。其實我和高行健都反對「個人」再加上「主義」。我們對「個人」的認識格外清醒，完全拒絕種種「個人完美」、「個人至上」的狂妄而幼稚的理念，而正視個人的脆弱與黑暗面。我們只強調一點，即文學的出發點只有一個，那就是要面對「人性的真實」與「人類生存環境的真實」。所謂「文學真理」，並非空洞理念，而是這兩種真實。作家只能盡可能去「貼近真實」，不可能窮盡真理，更不可能抵達「終極真理」。作家進入寫作時，不應有任何「政治正確」的預設，也不應當有任何的「哲學正確」的預設，即不必先預設某種「世界觀」、「歷史觀」的思維框架。一旦有此框架，作家就一定會用先驗的世界觀與歷史觀去剪裁人性與生活，把人性的描述與環境的描述納入現實功利需求。這樣的文學作品肯定不真實。

二十世紀，世界發生兩次大戰，這是世界的悲劇。二十世紀的中國，一心一意想走向世界。當下的中國支持「全球化」思潮，正在進行空前的改革。在此大時代中，中國的思想者們也希望自己能有所作為、有所貢獻。

在二十世紀的歷史場合中，中國知識分子作了兩次走向世界的「思想疏通」的努力。一次是在辛亥革命之後的一九一五年至一九一九年的五四新文化運動。此次運動，是中國在危亡的壓力下，知識分子精英們發現，中國通向現代社會的河道被堵塞了。這個堵塞物不掃除，中國就無法走向世界先進的行列。當時的知識分子精英們即陳獨秀、胡適、周作人、蔡元培、魯迅等人，共同發現，中國這條大河的滔滔大水原來是被自己的聖人孔夫子和他的學說堵住了。這套儒家學說（當時被稱為「孔家店」）講的是一套漂亮的「仁義禮智」，但是，所有的中國人沉浸於其中的時候，卻發生了一個總效應，即人變成非人。人失去了生命活力、思想活力、創造活力。因為孔家店的堵塞，中國積弱了，中國失敗了，中國人變成阿Q這種「末人」。全部問題在於自身，全在於自己不爭氣，不覺醒。因此他們要對中國人進行一次大啟蒙，要告訴中國民眾，不能再生活在孔夫子學說的「蒙昧」之中，不能安於自己的奴隸狀態與牛馬生活狀態。

於是，他們不惜矯枉過正，以激進的態度召喚中國人衝破這道堵塞前行的堤壩。

八十年代，中國知識分子發現，中國走向世界、走向現代化的大河之水又被堵塞了。在政治上，中國的改革家鄧小平、胡耀邦發現，這種堵塞物是「四人幫」這些「偽革命」的意識形態；而中國知識分子則在意識形態層面上發現，這堵塞物是「蘇式教條」，是機械唯物論，在文學上則是業已僵化的「階級論」、「反映論」、「典型論」，也就是所謂「社會主義現實主義」。這些意識形態堵塞物不清除，社會就無法前進，文學也無法繁榮。所以走出二十世紀的思想框架便是走出二十世紀的意識形態框架。

這兩三年，我每年都到香港。二〇一二年，劍梅從美國馬里蘭大學移師香港科技大學人文學部，我的生活也跟着變化。原先，我和菲亞每年都要飛往馬里蘭去看外孫與外孫女，現在則要每年飛往東方了。科大人文社會科學學院的院長是李政道先生之子李中清先生，他是一個經濟社會學的學者，知道我是劍梅的父親，就和高等研究院（院長是物理學專家戴自海先生）及人文學部主任蘇基朗先生一起，商定邀請我擔任「客座教授」。於是，從二〇一四年開始，我每年都到坐落於香港清水灣的科技大學，從當年九月到第二年的一月底，整整五個月。二〇一四年東飛之前，我和高行健約好在香港見面。於是，這一年秋天，我們在科技大學、香港大學作了三場對話或演講。演講的總題目是：「走出二十世紀」。我們都認為，二十世紀雖然具有「科技發展」與「殖民體系崩潰」這兩項突出成就，但從總體上說，這個世紀乃是壞世紀。在這個世紀裏，發生了兩次世界大戰，人類經受了兩次死亡體驗。這兩次巨大的浩劫，使知識分子群體產生了對於理性的懷疑，於是，質疑理性的思想紛紛出籠，思想又走向偏頗。所謂「現代性」思潮、「後現代主義」思潮，都是在這種背景下產生的。十九世紀下半葉出了個尼采，他宣佈「上帝死了」，接着又鼓吹「超人」哲學。他死於一九〇〇年。死後其思想仍然影響世界，因此二十世紀產生了許多小尼采，個個都妄想取代「上帝」，都想當創世紀的第一英雄，結果價值觀一片混亂，市場覆蓋一切，人類集體變質（變成金錢動物），世界也變成一部金錢開動的機器。與此相聯繫的是世界沒有思想。思想的貧血症與財富的膨脹症及超人的妄想症，三症齊發。在此世界語境下，思想者最重要的是保持清醒的意識，既冷觀世界，也冷觀自我。從這個角度說，意識便是意義，清醒意識便是積極意義。

「走出二十世紀」，就是要走出二十世紀的各種意識形態框架。就是要走出「戰爭思維」框架，不管是「熱戰思維」還是「冷戰思維」框架；既要走出「泛馬克思主義」框架，又要走出「自由主義框架」。「泛馬」屬於左翼知識分子的思潮，自由主義屬於右翼知識分子的思潮。當下，兩種思潮都缺少新思想，找不到出路。我和高行健出國後，放棄了「改造世界」的抱負，並認為，世界難以改造，人性也難以改造。我們只能認識世界，關鍵是要有一種大視野。大視野下什麼都可能發生。在生命全景下看世界，也什麼都可以看清楚。這種大視野，是愛因斯坦的「宇宙極境眼睛」，是釋迦牟尼的所謂「天眼」、「佛眼」、「法眼」。王國維在《人間詞話》裏提出的「境界」二字，既可用以評價詩詞，也可用以評價思想。我覺得，思想最後的區別還是境界的區別。

關於「境界」，王國維只講了兩個被俘帝王的詩詞差別，即李後主（李煜）與宋徽宗（趙佶）的差別。我們還可以再補充兩個，就可以更清楚地看到境界之別才是人與人、詩與人的根本差別。

中國歷史上有四個帝王因為失敗而變成囚徒。本來處於人生的最高點，突然走向人生的最低點，其落差之大，無與倫比。在此落差中，四個帝王表現出四種境界。

一是蜀國後主劉禪。他是劉備之子，繼承帝位之後當了四十一年皇帝，二六三年他向魏國投降，並為魏軍所俘。到了魏都洛陽後，司馬昭給他吃好睡好，他也意志全消，「樂不思蜀」。好日子得過且過，管他國家興亡。這個劉禪，被中國人嘲笑為「扶不起的阿斗」，能吃飽喝足就好，屬於動物境界。

二是越王勾踐。他在與吳國交戰中失敗成為吳國囚徒之後，一心只想報仇報復，臥薪嘗膽，最終完成復國大業。他算是有志氣，但其境界，也只是「復仇」的功利境界。

三是宋徽宗趙佶，本是宋朝皇帝，被金兵俘虜後仍然賦詩作詞，但詩詞的基調只是哀歎個人的不幸，如王國維所言，只是個人身世的哀戚。

宋道君皇帝《燕山亭》詞亦略似之。然道君不過自道身世之戚，後主則儼有釋迦、基督擔荷人類罪惡之意。其大小固不同矣。

「宋道君皇帝」即宋徽宗。他不是一個好皇帝，卻是一個多才多藝、頗具風流文采的文士，但他的詩詞只能「自道身世之戚」，即只有個人的故國之思、亡國之痛，雖不像劉禪那麼昏庸，也不像勾踐那麼激烈，但其境界，頂多只算是道德境界。

四是南唐後主李煜。他的詩詞連着天下人的疾苦，他也深知自己造成人間疾苦的責任，「儼有釋迦、基督擔荷人類罪惡之意」，這才是「天地境界」。李後主啟迪了我，思想的追求最終應是境界的追求。思想應當走出個人的悲歡（個人主義），也應走出國家的興亡（民族主義），更應走出黨派的得失，只像釋迦、基督那樣，反思的應是在時代風雨變幻中自己的道德責任與良心責任。

第十章

第三人生的思想發現

二〇一八年，劉再復與妻子陳菲亞在美國科羅拉多州山中合影。

二〇一五年，即出國後的第二十六年，我在《明報月刊》發表了《第三人生的告示》，在此文中，我告訴朋友們，我的第二人生已經結束，即將開始第三人生。在文章中，我說，我的第一人生是中國的學生與學人；第二人生是中國的流亡者和反省者；第三人生則是「世界公民」的人生，我將用世界公民的眼光看歷史，看人類，看世界。

在第三人生之初，我首先對揮之不去的「鄉愁」進行一次根本性的反省。鄉愁，本是一種眷念故土、故鄉、故國的美好情感，沒有什麼是非對錯可言。中國旅居海外的幾代知識分子都有鄉愁，我也有濃濃的鄉愁。可是，經歷了二十五年的歲月，我終於發現，「鄉愁」乃是一種「病痛」，有了鄉愁，便受困於民族情結、民族心態和民族視野之中，始終跳不出這種視野。然而，我認為，文學是沒有國界的，當然也沒有族界。我雖然身上永遠流着炎黃子孫的血液，但視野卻應當超越「炎黃」與「中華」等範圍。於是，我意識到，鄉愁這種情感，已變成我的一種牢籠。意識到這一點，我開始把眼界放寬，凡事皆着眼於人類世界。

於是，我放筆寫出幾篇文章，而這些文章就有新的思想發現。例如：

（一）人類的集體變質

在發表於《鳳凰週刊》的專欄文章《人類的集體變質》中，我用全球的目光看人類，發現人類集體變質了，即人類已逐漸變成非人類。這種「非人類」其實是另外的物種，如果籠統地稱之為動物，那就是金錢動物。這種動物的全部神經被金錢所抓住。金錢成為他們生活的唯一追求和唯一邏輯。巴爾扎克在世時就說過，這個世界將變成一部金錢開動的機器。他不幸而言中，果然如此，連醫學教授都只談錢與肝臟（專業）。

（二）世界的嚴重傾斜

發現了「人類的集體變質」後，我又發現，這個世界嚴重傾斜。二〇一六年，我首次表述了這一發現，在香港科技大學人文學部的公共課裏，我寫出《什麼是人生》中文講稿，讓女兒劉劍梅去作英文表述（聽者有四百多名師生），我講述的四種傾斜，包括：

（1）重物質不重精神，世界向物質傾斜。

（2）重資本不重人本，世界變成一部金錢開動的機器。

（3）重工具理性不重價值理性，人類正在被自己製造出來的工具、機器所異化。

（4）重解構不重建構，學界正在被後現代主義思潮引向價值崩潰。

我說的這四種傾斜，乃是世界的價值迷失，也正是百年前魯迅所說的「文化偏至」。這是全世界共同迷失，也是中國的價值迷失。

（三）思想的大蕭條

第三個發現，則是「思想大蕭條」。經濟大蕭條、經濟海嘯等，比較容易被人類精英所發現，因為這是有形的，可以看得見的。但是，人們不容易發現一種無形的、看不見的大蕭條，這是「思想的大蕭條」。這種大蕭條的表現，便是世界只有慾望，沒有思想，犯的是「思想貧血症」。從古希臘、古羅馬開始，中間經過文藝復興，直至十八世紀的思想啟蒙運動，一切新鮮的思想都是歐洲提供的。但是，在二十世紀之中，理性的發源地變成兩次世界大戰的策源地，人類共同經歷了兩次集體死亡體驗。這之後，人們開始懷疑理性主義，反理性的思潮甚囂塵上，於是，現代主義、後現代主義佔據了思想界。可是，人類應當走向何處?「出路」問題便成為全人類新的苦惱。我一九八九年出國後的近三十年，正是世界性的「思想大蕭條」時期，也就是找不到出路的時期。這個時期與西方的中世紀很像，那時宗教統治一切，除了宗教，幾乎沒有其他思想，所以後來才產生「回歸希臘」的文藝復興運動。看來，當下的世界也需要新一輪的文藝復興，此次復興的內容不是從宗教裏解放出來，而是從「機器化」和「動物化」的絕境中解放出來。我和高行健在香港科技大學、香港大學的共同演講「走出二十世紀」，意思便是走出機器統治與動物統治的困境。行健兄一再呼籲「新一輪的文藝復興」，其出發點也是因為看到整個西方世界美的頹敗、思想的蕭條。我和李澤厚先生作了兩次關於教育的對話，認為二十世紀是科學（技術）的世紀，二十一世紀應是教育學的世紀，即重新塑造人、培育全面優秀人性的世紀。與第一輪文藝復興「回到人」的主題一樣，世界也需要回到人、回到人本，才有出路。

從二〇一五年開始，我的人文關懷的重心已從中國轉向世界，所以很快就發現人類變質、世界傾斜以及思想大蕭條等共同問題。我覺得中國學者一旦把視野放寬，對世界的思索絕對有益於全人類。可惜，我們太多「鄉愁」，太多民族情結，視野確實被限制了。

開始第三人生之後，我獲得了更大的自由，不僅放下「感時憂國」這些情結，也不只着眼於「放逐諸神」了。我把地球當作自己的母親和祖國，為人類的出路而思索。中國宋代思想家張載說，知識分子的使命應是「為天地立心，為生民立命，為往聖繼絕學，為萬世開太平」，說得很好，但我已明白，知識人不僅要為中國的萬世開太平，也要為世界的萬世開太平，不僅要告別革命，而且要告別一切暴力。而所謂「為天地立心」，也不僅是為中國立下倫理規範，還應當為全世界尋找共同的道德準則。「天地」，不僅是指中國，也指世界；「生民」，不僅是中國人，更是全人類。

叁

史後語

——思想者的感觸

（一）地球上的三座思想高峰

經過近三十年的閱讀與思索，我終於明白：人類世界擁有三座思想高峰：一是西方哲學；二是大乘智慧；三是中國先秦經典。而且，我還意識到，作為人文學者，我的使命應當是打通這三座奇峰，尋找其對真理的共識。

對於西方哲學，我讀大學時就喜愛，那時，我沒有導師，自己借來柏拉圖的《理想國》、亞里斯多德的《詩學》與《倫理學》，囫圇吞棗地知其大概。但就在那個青年時代，我感受到西方哲學的博大淵深，也建立了我的第一憧憬：要是能像西方哲人那樣思考，人生該是多麼輝煌！到了北京之後，因為閱讀馬克思主義的需要，又閱讀了德國哲學家黑格爾、費爾巴哈、費希特等人的哲學，出國後則補讀了胡塞爾、海德格爾、維特根斯坦等哲學家的代表作，因為和李澤厚先生是好友又是近鄰，請教很方便，我又讀了休謨、笛卡爾等西方古典哲學書和漢娜阿倫特的著作，也追趕現代主義到後現代主義時髦，讀了福柯、拉康、阿多諾、馬爾庫塞、本雅明的書。總之，西方哲學這一思想寶庫始終養育着我。我在美國，因為條件限制，藏書的質量不高，數量不多，但是，北京商務印書館出版的那套「漢譯世界學術名著叢書」，我能買到的，都毫不猶豫地購買並閱讀。

出國之後，我還大量閱讀佛經和與「佛」相關的書籍，二〇〇八年我回到北京時，正是讀佛的狂熱期，當時告訴了好友王強，他便買了二百種左右大陸出版的有關佛的書籍送給我，包括《徐梵澄文集》二十卷。這之前，我又結識了梵華暢佛學博士，除了聆聽他的佛學講解外，又讀了龍樹的《中觀》學說和禪宗的相關論著，甚至開課講述《六祖壇經》和《金剛經》。在學習過程中，深深佩服佛學智慧真不同尋常，尤其是大乘智慧。於是，在我面前又呈現了另一座思想高峰。

出國之後，我離開故國的土地越來越遠，但離祖國的文化傳統卻越來越近。因為受五四新傳統的薰陶與影響，我對中國古代文化傳統一直採取批判的態度，所以在八十年代和林崗合著了《傳統與中國人》。至今，我並不否認這部著作的思想，但是出國之後，我對傳統的基本點發生了轉移，已由「批判」轉為「開掘」。重新閱讀孔子、孟子、老子、莊子、墨子、韓非子之後，我便確認，早在二千多年前，我國的思想家就佔領了世界的思想制高點。他們的思想太豐富了！尤其是孔夫子的倫理學，絕對是世界的先鋒。至於老子、莊子，他們的思想至今也沒有過時。其實，在我之前，當代卓越的歷史學家湯恩比就說過，地球上最深厚的人文傳統有兩個：一個是歐洲，一個是中國。說得好！人文傳統包括文學、歷史、哲學，而最重要的恐怕是其思想。

（二）中西文化的區別

到了海外，思想儘管活潑，但仍然常有找不到思想落腳點（基點）的痛苦。一九九四年我在台灣參加「四十年來中國文學研討會」（《八聯會報》主辦），在《聯合早報》發表了一篇短文，題為《喪魂失魄的年代》，文章的大意是，我像一隻空中的飛鷹，一直在尋找一個落腳點，也可以說是思想支撐點，但一直在空中徘徊，不知該落在哪裏。由此又引申說：這是百年來中國知識分子的共同悲劇，即「喪魂失魄」的悲劇。五四之前，不管怎麼說，中國知識分子是有靈魂的，這靈魂便是儒家思想。五四新文化運動的領袖陳獨秀等，他們批判孔夫子，作出「鳳凰涅槃」似的靈魂更新，本想用法蘭西的「自由、平等、博愛」之魂來取代孔夫子之魂，但沒有成功。五四之後，西方思想傳入中國，最強大的思想潮流是馬克思主義。一九四九年馬克思主義在中國取得勝利，建立了新中國。但馬克思主義並沒有在中國人的心靈深處扎根，所以毛澤東又發動文化大革命，並說這是「靈魂深處鬧革命」，但這場大革命並未成功。文革結束後，市場經濟蓬勃發展，更是衝擊了馬克思主義的基本原則。這個時候，中國知識分子便進入一種集體性的「彷徨」。該選擇哪一種思想作為自己的靈魂支撐點呢？是孔夫子嗎？不是，五四新文化運動已拋棄了他。是法蘭西嗎？不是，那是資產階級自由化理念。是馬克思主義嗎？它雖然成了中國的統治思想，但仍然未在中國人的心底扎根。馬克思主義是強調物質生活與經濟基礎的，而我們一講「吃飯哲學」，自上而下都拒絕。而講「以階級鬥爭為綱」，則弄得民不聊生，連飯都吃不上。怎麼辦？沒辦法，只能「摸着石頭過河」。

這篇短文反映了我的思想苦悶。這是關於思想落腳於何處的苦悶。出國之初，我曾想，西方自由主義思想應當可以成為我的思想落腳點吧！但經過二十多年的觀察和體驗，覺得也不能把心靈存放在西方的文化之上。很奇怪，離開中國越遠越久，我越是傾心於故國文化。在國內，我對傳統文化的基本點是批判的，所以和林崗合寫了《傳統與中國人》。出國之後，我則把基本點轉換成「開掘」與「闡釋」，在香港城市大學中國文化中心和在台灣兩所大學講課，都講「我的六經」，即《山海經》、《道德經》、《南華經》（《莊子》）、《六祖壇經》、《金剛經》及我的文學「聖經」《紅樓夢》，每一經都講得津津有味，講述的基本點也是充分肯定，充分頌揚。於是，在中西兩種文化之間，我又面臨着一個思想基點選擇的困難，覺得中國文化與西方文化相比，各有長處，各有短處。二〇〇五年，我在日本愛知大學的長篇講演中談到中國的「尚文」文化與西方的「尚武」文化確有差別，但兩種文化各有光輝。而且為中國文化的「尚柔」、「尚和」、「尚文」作了一番出自內心的謳歌，絕無半點政治動機。二〇一六年，我到田家炳中學演講，又把想了多年的中西文化差異簡單地作了展示，有心的讀者也會看到我的徘徊與彷徨。現在把這場講演的「八點」抄錄於下：

中西方文化很不相同，其基本差別大約有以下八點。

（一）中國是「一個世界」的文化。所謂「一個世界」乃是一個「人」世界。「人」之外雖然還有「天」，但中國文化講究「天人合一」，因此，歸根結底是一個「人世界」。西方則是「兩個世界」的文化，即除了「人世界」之外，還有一個「神世界」，也可以說，除了「此岸世界」之外，還有「彼岸世界」。因為西方文化是兩個世界的文化，所以「神」的地位很高，人可以接近神，但不可以取代神或成為神。中西文化這一基本區別，是李澤厚先生道破的。由於「一個世界」和「兩個世界」的文化差異，所以又派生出以下七個大差別。

（二）「重經驗」與「重先驗」的差別。既然認定只有「人世界」才真實，那就得在這個現實世界裏好好生活，也就得特別重視現實生活中的各種經驗。先驗是上帝，是基督，是神，是先知；經驗則是日常智慧，是歷史。所以中國非常重視歷史，與印度重「神話」不同，中國帝王都要「修史」，《史記》、《漢書》，二十四史，以及《資治通鑑》等，都是史冊。李澤厚先生著《歷史本體論》，正是把「歷史」視為根本。他不是把人視為先驗的存在，而是視為歷史的存在。中國人的人生不仰仗上帝，而仰仗自己積累的歷史經驗。毛澤東說：「歷史的經驗值得注意。」這不僅是個人的思想，也是中國文化的特徵。

（三）「重罪感」與「重樂感」。西方的基督教文化有原罪觀念。它認為人生而有罪，因為人與他的父親（上帝）分離了。所以人來到人間是帶着「原罪」來的，都應當接受上帝的救贖。中國文化沒有這種「罪」觀念。它認為「人之初，性本善」，來時赤條條，嬰兒最單純、最善良。人生雖辛苦，但充滿快樂與歡樂。即使生計貧窮，也應知命認命，安貧樂道。這種樂感文化雖也有問題，但積極。所以才有「天行健，君子自強不息」的精神。

（四）「重正義」與「重和諧」的區別。西方有一個從未中斷的貴族傳統與騎士傳統。騎士乃是最低一級的貴族，但它具有尊敬婦女、扶助弱者的傳統，這是「正直」的傳統。「正直」衍生出「正義感」。中國缺乏一以貫之的騎士傳統，它不追求正直，而是追求神聖。古聖人的使命是調節人際關係，讓人際關係達到「和睦」、「和諧」。中國文化講究「和為貴」，「和而不同」。「和諧」與「正義」不同。「正義」只認真理，不講關係；而「和諧」則在真理面前有所妥協，人際面前講恕道，講「和稀泥」。

（五）「重聚合」與「重分散」。中國文化以「人際」為本位，西方文化以「個體」為本位。與此相關的，便是中國人喜「聚」不喜「散」。《紅樓夢》中的兩個主角，賈寶玉便是「喜聚不喜散」，而林黛玉則是「喜散不喜聚」。賈寶玉呈現的是中國人的普遍性格，喜歡團聚，喜歡熱鬧，喜歡「人氣」，喜歡人際溫馨。而林黛玉則喜歡自由自在，喜歡個體獨立，喜歡獨處獨思，孤芳自賞。她才是真正的「個人主義者」，完全以個人為本位。她愛寶玉，是因為知道寶玉是釋迦牟尼，是基督，是心靈至善者；除了寶玉，她舉目無親，與世無關，是最孤獨的人，也是最怪異的人。她生活在西方比生活在中國更相宜。但她偏偏被拋到賈府中，在貴族大家庭裏，她幾乎是「府上公敵」，人人都不喜歡她。她的內心是個人的文化，卻偏偏生活在關係主義文化中，於是，她感到格格不入。她唯一能夠存活下去的理由，是有賈寶玉這個知音在，這個知音一旦與他人（寶釵）結婚，她就喪失一切，也很快就走向死亡。到底是憂憤而死，還是投湖而死，其實都不重要，重要的是她肯定無法再生活在「聚合」與「關係」的文化中了。

（六）「情本體」與「理本體」的區分。李澤厚先生說中國文化是「情本體」的文化，即以情為根本的文化。中國文化也講理，但一般都是「通情達理」，即以情為前提，為中介。而西方則是以「理」為根本。亞里士多德說：「吾愛吾師，吾更愛真理。」愛老師是情感，但情感必須服從真理，理才是根本。西方的「法」很發達，也可稱為「法本體」文化。但「法」也是建立在「理」的基礎之上。「上帝」通過《聖經》展示其「理」。人間的多種愛，都是上帝這個總「理」（聖愛）所派生出來的。中國因為講究「情本體」，所以便派生出「倫常秩序」，如對父親母親要每天請安，雙親去世後要守孝。《紅樓夢》裏寫賈寶玉騎馬經過賈政的書房，要下馬表示敬畏。「情本體」化為秩序，化為規範與制度，這種「倫常秩序」是中國文化的巨大特色。「情本體」文化雖然可以增強許多人際溫馨，但也容易以親情倫理（兄弟倫理）取代責任倫理（韋伯），或容易無視原則而「走後門」。因為「情本體」的指向，所以中國已逐步建構「情理並重」的執法結構。例如依理而判處一個官員死刑，卻依情（念着他的功勞）給予緩期執行。

（七）中國的人際原則講的是「誠」，認為「誠能通神」，以誠代替神。而西方則講究「信」。信派生出信仰、上帝、基督、救贖、懺悔等，誠則派生出仁、義、禮、智等觀念。現在中國到處講「誠信」，實際上是中西文化的結合。

（八）中國「尚文」、「尚柔」，西方則是「尚武」、「尚剛」。所謂尚文，就是崇尚和平相處，力求和平地解決各種問題，不迷信武力，不輕易使用武力。儒者，柔也。儒家講柔，道家也講柔。《道德經》尚水，認為「上善若水」，至柔可以克至剛。所以老子不崇拜「勝利」，主張「勝而不美」，主張以喪禮對待勝利，這與西方的「凱旋門」文化大不相同。

在徘徊與彷徨中，我不想提供一個誰優誰劣、誰明誰暗的答案，只認定一點：盡可能去吸收兩種文化的長處，避免兩種文化的短處，盡可能去打通中西文化的血脈。真理並無中西之分。符合人類生存、延續、發展的至真、至善、至美，並沒有國界。我給自己定下的文化使命，便是只認真理，不偏中西。

（三）人文學者的使命

那麼，作為人文學者，尤其是把自己界定為「世界公民」即具有國際化眼光的學者，他的思想使命是什麼呢？我想了又想，最後，我確定，其使命應當是打通中西文化血脈。具體地說，是打通「西方哲學」、「大乘智慧」、「中國先秦經典」這三座思想高峰的共同點，即標誌人類最高精神水準的共同認知。一打通，就可認識思想精華中的精華，即四海皆準的真理。例如，大乘佛教所創立的「中觀」學說（龍樹），講述的是中道智慧，它認定，左右兩個極端都是深淵，唯中道可通向光明。不可把俗諦或真諦推向極端，一旦走向極端便發生質變。這種中道真理，在西方從古希臘開始就探討，亞里斯多德就是中道的倡導者。到了康德，西方哲學走向高峰，他提出的四對「二律背反」，其實就是「中道真理」。中國的先秦經典，大講「中和」、「中庸」、「中正」，提醒人們「過猶不及」，其實也是對「中道智慧」的倡導。中國文化傳統講究「恰到好處」，講究「度」，講究「分寸」與「臨界點」，究其哲學根柢，也是追尋中道真理。可見，中道真理，乃是西方哲學、大乘智慧、中國先秦經典的共同認知。那麼，闡釋中道真理，應當是全世界人文學者的共同使命，當然也是我的一種責任。我講述《紅樓夢》哲學的五個要點，其中特別講了一點「中道智慧」，也是覺得這部偉大的文學經典，其思維要點，抵達了人類最高精神水準，它不贊成熱衷於描寫「大仁」和「大惡」，而特別注意開掘「第三種人」，即既非大仁也非大惡的千千萬萬普通人，這反而更貼近人性真實。在現實生活中，我個人一再聲明守持「價值中立」，守持中道立場，反對「走極端」和「颳偏風」，這也與「中道」相關。

人類在地球上展開生活，非常艱難也非常凶險，無論如何，人類總是「善良」一些、慈悲一些為好。佛以慈悲為懷，基督何嘗不是如此，中國的儒家講「仁」，其實也是講慈悲。因此，無論如何，教育孩子從小培養「慈悲」、「寬厚」情懷是對的。

（四）我的「三通」嚮往

為了打通中西文化血脈，尤其是打通三座思想奇峰的血脈，我知道，這需要思想主體自身的文化修養。因此，出國之後，特別是進入第三人生之後，我一直嚮往自身應當抵達「三通」境界，這三通包括：

（一）打通文、史、哲。

（二）打通學、膽、識。

（三）打通儒、道、釋。

（四）打通古、今、外。

（五）打通南、北、中。

總之，必須打通學問、思想、文采。也必須打通學問、膽量與見識。沒有這些主觀條件，要打通中西文化血脈，也只不過是空談。於是，唯一的途徑是繼續充實自己，保持自己思想的活力即靈魂的活力。

二〇一八年元月十二日

二〇一八年，劉再復與小外孫松松（張祖霖）於美國科羅拉多州合影。

特約編輯　王　飆
責任編輯　張艷玲
書籍設計　吳冠曼

書　　名　我的思想史（劉再復自傳之三）
著　　者　劉再復
出　　版　三聯書店（香港）有限公司
香港北角英皇道四九九號北角工業大廈二十樓
Joint Publishing (H.K.) Co., Ltd.
20/F., North Point Industrial Building,
499 King's Road, North Point, Hong Kong
香港發行　香港聯合書刊物流有限公司
香港新界大埔汀麗路三十六號三字樓
印　　刷　美雅印刷製本有限公司
香港九龍觀塘榮業街六號四樓A室
版　　次　二〇一九年十一月香港第一版第一次印刷
規　　格　三十二開（130 × 185 mm）二一六面
國際書號　ISBN 978-962-04-4527-9